U0069131

我也走你的路

I'll Go Your Way Too

台灣民主地圖 第二卷

余杰
Yu Jie

各方好評

林瑞明（詩人、作家、成功大學名譽教授）

李筱峰（臺北教育大學教授、臺灣史研究者）

蘇瑞鏘（臺灣民主人權史研究者）

陳奕齊（基進側翼政團發起人、作家）

羅文嘉（前行政院客家委員會主委、水牛出版社社長）

廖永來（詩人、吳濁流文學獎得主）

周奕成（臺灣第三社會黨發起人、大稻埕國際藝術節發起人）

余杰的書是一面鏡子。讓我們更清楚的看見從威權走向民主的臺灣，也看見了時代的糾葛。我們以為清楚來時路，卻不見得事事明白始末，幸好有余杰為我們娓娓道來。大家一起向民主的道路，並肩同行。以民主為名，合力打造美好的世界。

——林瑞明

有人為了自由，逃離中國；有人為了中國，逃避自由。前者是自由主義者；後者是狹隘的中華民族主義者。余杰是自由主義者，不見容於專制中國，終而流寓海外。渴望民主、追尋自由的他，珍愛民主臺灣，他踏遍臺灣土地，造訪臺灣民主化過程的歷史遺跡，細數臺灣土地上爭取民主自由、追求公理正義、反抗強權霸政的歷史人物與事跡。這部《我也走你的路》已是他來台進行人權之旅的第二部紀錄。他這些語重心長的心聲，可以給逃避自由的台海兩岸的中華民族主義者警醒；更應該給視民主自由如喝水呼吸而不知珍惜的臺灣青年朋友們，鑑往知來，珍惜得來不易，卻正面臨霸政威脅，隨時可能會失去的民主自由。

——李筱峰

當臺灣的民主政治逐漸崩壞之際，余杰以多篇臺灣百年來反抗者的故事，描繪出動人的臺灣民主地圖，不僅回顧臺灣民主所來徑，更指明臺灣未來該走的道路。

——蘇瑞鏘

失去祖國的余杰，在臺灣的民主踏察行，幫我們拾回那原本理當該屬於我們島嶼人民所共有的民主記憶所繫之處，提醒了我們港英最後一任總督彭定康臨走那一年的預言：「將來香港的自由，不一定由中國來剝奪，而更有可能是香港一些人自己主動一點點來葬送。」就讓我等尾隨余杰的行腳足跡，尋回那屬我們民主/自由的先輩勇者用生命所澆灌的精神之花吧！

——陳奕齊

余杰不唱高調，很認真寫，很認真走，很認真觀察、思考、記錄。他才華出眾，卻非不食人間煙火，因為支持中國民主，而漂流海外。臺灣意外成為他另一個心靈故鄉，這部書提供另一個看臺灣的角度，也蘊含了余杰心中的渴望。

——羅文嘉

讀余杰的書，不只眼睛一亮，同時也感到肺腑滾燙。余杰到臺灣——他宣稱的，他喜愛的地方；我與之短暫相聚，也陪他走訪幾程路，方知兩岸共同追求的價值所在；也是我們基督徒追求的，上帝應允的土地，就在我們站的腳下。那些臺灣民主前輩的汗滴，滋潤著臺灣，或許也將滋潤中國？

——廖永來

走一段臺灣路，讀一室臺灣書。余杰因對中國民主的追求，在天命安排下來到臺灣，尋找他渴望的啟發。臺灣歷代鬥士必不幸負他，一再一再通過氤氳時代精神之場所，讓他體解其中真義，請他代為闡發。臺灣民主故事裡，藏著打開中國出路的密碼。余杰是用功解讀的人，我們傾聽。

——周奕成

目錄

contents

臺北

臺中

嘉義

南投

臺南

高雄

金門

追求普世價值的道路上

陳芳明序（政治大學台文所教授、政治評論家、文學史家）

民主與人權，是普世價值不可分割的一部分。所謂普世價值，是國際人權公約所認定的生命準則。只要生而為人，就應該享有言論自由、思想自由，而且免於受到迫害，也免於受到恐嚇。所謂人權，是與生俱來的，它包括了政治人權、經濟人權、社會人權、環保人權、文化人權。世界上所有民主自由的國家，都簽署了國際人權公約。臺灣也是正式簽署的一個公約國，雖然這個國家還有一段距離才能到達普世價值的高度，但無可否認，只要稍有民主人權的觀念，便會持續努力追求，直到這樣的理想實現。

從一九七〇年代的黨外民主運動開始，保障人權的口號已經為大多數的人民所接受。在追求人權的道路上，遍布了斑斑血跡。那是作為人的一個最低要求，但是臺灣社會卻付出了最高代價。一九七九年所爆發的美麗島事件，逮捕了五十餘人，其中有八位領導者還接受死刑與無期徒刑的審判。島上的民主運動遭到重大挫折，但是當時的國民黨政權所施行的迫害未嘗稍止。一九八〇年二月二十八日，強烈主張和平改革的林義雄還坐在深牢之際，他的家庭竟然發生了滅門血案。他的母親與雙胞胎女兒被刺遇害，只剩下長女身中十七刀，在危急中慶幸被救回。發生這種殘酷的命案後，威權體制的劊子手尚覺不足，第二年又以刑求方式，殺害了回台省親的學人陳文成。甚至在一九八五年，特務頭子還派殺手去舊金山，槍決《蔣經國傳》的作者江南，震撼了整個國際社會。黨外民主運動所要求的和平改革，卻換取了當權者的暴力報復。這些兇殺事件，正是對臺灣的言論自由、思想自由所進行的圍剿。

普世價值的實現，只有在落後的、文明未開的國度裡，才必須以生命、以鮮血付出代價。那段黑暗殘酷的歲月，島上住民確實是一步一步走過。以鮮血所鋪成的民主道路，是那樣漫長，那樣遙遠，簡直看不到終極目標。民不畏死，奈何以死懼之。投入民主運動浪潮的人們，前仆後繼，為的是要讓普世價值在臺灣這塊土地上具體實現。國民黨在一九八七年被迫宣布解嚴，正是因為改革意願的浪潮持續襲來，終於沖垮了劊子手所捍衛的腐朽高牆。民主的力量畢竟是龐大的，無需經過革命，也無需穿越暴動，更無需訴諸政變，而使權力的貪婪者自動繳械。就像推倒骨牌那樣，反對黨成立，戒嚴體制瓦解，萬年老見證了政治的苦難。微近中年之際，便已經被迫投入放逐的大海。他流亡到美國，開始展開大量書寫的普世價值銜接起來。嘗到啟蒙滋味的余杰，太過早熟地認識了人間苦難。懷著正要綻放的心靈，他立即「天安門的母親」。畢竟，「天安門事件」一詞，是一個強烈的政治隱喻，釋放出來的思想內容正好與

生於一九七三年的余杰，未及趕上天安門事件，但是他成為年輕世代的知識分子之際，也開始關切儒。

平演變、普世價值、人權觀念，都成為網路傳播的最大禁忌。一個權力巨人，頓時萎縮成一個膽小的侏都好像遇見鬼魂那般。習近平上台後，一方面宣傳「中國夢」，一方面又提出「七不講」。凡是涉及和捕，也等於宣告北京政權是中國人民的公敵。他們違背了人民的願望，對於涉及民主自由的任何字眼，依賴農民革命而建立政權的中國共產黨，只為了永久掌握政治權力，終於選擇與人民為敵。劉曉波被者，內心竟是如此恐懼畏怯。原因很簡單，文字裡所描繪的人權夢想，其實是十三億人口的共同願望。卻視之為震耳欲聾的噪音。長期與劉曉波工作的余杰，自然也遭到逮捕並刑求。這樣龐大的政權在握字。對於已經享有民主自由的人們而言，這份文字其實極為尋常，但是對於保守而閉鎖的中共領導人，中國知識分子的人權宣言，他以一人之力，結合一群懷抱民主理想的知識青年，共同起草人權理想的文國的知識分子。劉曉波是一個崇高象徵，他在共產黨的極權統治下提出「零八憲章」。這份文件其實是

二〇一二年，余杰所著的《劉曉波傳》在臺灣正式出版。經由這部作品，我第一次認識了這位來自中

民主與自由做精確的定義。

生於任何國度，都必然擁有天賦人權。鄭南榕自焚與天安門事件，無分規模大小，都是在為普世價值的門事件。普世價值的實現，沒有世代差距，沒有國界隔離，也沒有性別差異，更沒有族群障礙。無論出年四月選擇自焚來表達最大抗議。這是無可忘懷的日子，就在那年的六月四日，中國北京也發生了天安賊退場，動員戡亂時期終結。但是在解嚴之後，鄭南榕為了爭取百分之百的言論自由，終於在一九八九

生涯。從《劉曉波傳》開始，到最近的《在那明亮的地方：臺灣民主地圖第一卷》，便已經出版了十二冊書籍，每一文字，每一段落，每一本書，都與民主自由的觀念息息相關。那種爆發能量，在任何一位作者身上未曾看見。夜以繼日的振筆直書，正好彰顯他對人權觀念的嚮往有多熾熱。

這本《我也走你的路：臺灣民主地圖第二卷》，透露了他是如何尊崇臺灣民主先人的蜿蜒蹤跡。他走遍了臺灣的每一個城市，也探尋了城市裡的每個歷史文化地標。就像開啟一段沒有終點的旅行，他選擇走路的方式一一去勘查值得紀念的歷史事件。從戰前帝國時期，到戰後黨國時期，多少反抗者為了追求生命尊嚴，也為了實現普世價值，付出他們的肉體與生命。整本書所展現出來的格局，不能不使島上的住民感到慚愧。他所看到的，其實也是他夢想所寄託的，從臺北、宜蘭、桃園、新竹、臺中、南投、嘉義、臺南、高雄，一直到金門，都有他仔細的考察與見證。整本書是一首民主練習曲，也是一曲追悼先人的輓歌。他把這本書命名為《我也走你的路》，無疑是要讓可能遺忘的記憶再度復活。余杰走過的路，等於在向臺灣的年輕知識分子示範，這個島上的民主道路是如此鋪陳出來。一個受到放逐的理想主義者，都願意迢迢千里來到臺灣，從北到南走過一次。那麼，臺灣的夢想家，也應該謙卑地順著余杰的造訪，讓我們也走他走過的路。

管仁健序（臺灣文史工作者，作家）

悵望千秋一灑淚，蕭條異國不同時

謗聲易弭怨難除，秦法雖嚴亦甚疏。夜半橋邊呼孺子，人間猶有未燒書。

這首清代詩人陳恭尹的〈讀秦記〉，用在中國流亡作家余杰與他的新著《我也走你的路：臺灣民主地圖第二卷》，真的是再貼切也不過了。

十多年前還在當編輯時，為了邀對岸作者寫稿，遇到幾位文革時下放到農村的基督徒。在通電子信時，他們告訴我許多當年在「上山下鄉」時所看過聽過的故事。我看了之後很感動，原來他們至今仍沒忘記「文革」這場災難，沒忘記那些仍在困苦中的農民，但其中有一位弟兄說得好，他說：「我只是沒忘記自己的青春而已」。

後來他們要我別只看不寫或只寫心得，也該講一些網路上搜尋不到的臺灣故事。但我是出了名的「宅男始祖」，除了當兵那兩年以外，很少離家，所以我能寫的青春紀事，大多只是服役時的經歷，還有那時所聽到的一些故事。

寫了兩年後，他們又勸我不要只貼在他們封閉的社群，應該在對岸較有人氣的論壇上發表，因為這些文章可以讓他們更了解臺灣，也能體會到民主、法治與人權，都不是從天上掉下來的禮物。於是我接受了建議，到他們所推薦對岸號稱最民主，尺度也最寬鬆的網站《貓眼看人》發表。

其實我的文章裡從未提到現實政治，而且我對統獨也毫無興趣，寫的全都是當時算來就已經是二十年以上的臺灣往事；可是對岸即使號稱「最右派的網站」，編輯們還是常委婉的告訴我，他們又被「上級命令」要刪改拙作（這「上級」並非他們公司內部的人）。

我自己也是慶幸能從戒嚴時代平安走過的文字工作者，很能體會編輯們的為難，心想反正寫這些文章貼出後又沒有稿費，刪改往往會影響文章的完整性，索性自此不在對岸發表，只貼在我自己架設的部落格《你不知道的臺灣》裡。

我本宅男，躬耕於鍵盤，苟全拙作於臺灣，不求聞達於中國。默默耕耘部落格多年後，意外獲得全球華文部落格大獎首獎，因而得以結集出書。很多對岸網友來台觀光或參訪時，總會買上幾本，在出版業的寒冬成了些許炭火，但始終無法拿到書號，得以在對岸出版。

這段親身經驗讓我更能體會，現今對岸文史工作者的處境，其實就跟戒嚴時代的臺灣一模一樣，我們都走過同樣的道路。如今暴君父子的屍骨，已被浸泡在福馬林裡多年，臺灣成為華人世界言論自由度最高的天堂，對岸的民主進展卻依然牛步。雖不至於焚書坑儒，但禁書囚儒仍時時可見，余杰的遭遇也就說明了這一切。

我有些其他教會裡的弟兄姊妹，每逢龍年就過得很不安穩。因為他們教會裡有些傳道人教導說「龍」是一種受詛咒的魔鬼，偏偏戒嚴時代政府又定義我們是龍的傳人，平常端午划龍舟、到處屋頂雕龍畫棟的就讓他們很不自在，舊的紙卡健保卡上竟然還印上一隻龍，讓他們更「恐」龍色變了。

其實「龍」這個字只在《聖經‧啟示錄》裡出現，牠是一種七個頭、十個角的dragon（怪獸），和中國人想像的豬鼻、鹿角、蛇身、魚鱗、雞爪的那種「龍」毫不相干。但因為早期來華傳教士所譯的聖經這樣翻譯，讓很多中國基督徒背負了許多不必要的禁忌。

同樣的道理，回頭看「民主」這個名詞，也要有同樣的警覺；葉公好龍與某些基督徒惡龍，都是望文生義，不明就裡。我們為一件事物做「定義」，首先就要將這個的詮釋對象做一適當的描述，其次則是將容易與它混淆的東西畫出界線，以顯示這件事物的特性與範圍。所以每個名詞都有廣義與狹義的定義，民主當然也不例外。如同余杰自己所說：

「這個系列雖然名為『臺灣民主地圖』，但我所關注的價值絕不僅僅是民主，而是與之息息相關的自由、人權、憲政、共和等整體性的普世價值。

「近代自康梁以來，華人文化圈中特別重視民主這個概念，結果民主在國共兩黨那裡蛻變為蘇俄式的

『民主集中制』，或為多數人肆意對少數人實施暴政，或為獨裁者肆意對民眾實施暴政。所以，才會有毛澤東和蔣介石這兩個獨裁者分別在海峽兩岸做終身主席和終身總統，不到死亡降臨，絕不放權。

「長期以來，我們過於看重形式上的選舉，後來才發現，即便有了某種形式的選舉，若沒有權力有效分割和制衡的憲政共和體制，沒有對人權和自由的充分保障，選舉不過是特權階層的遊戲罷了。」

所以，余杰在他的《我也走你的路——臺灣民主地圖第二卷》裡，特別選擇一批臺灣人熟悉，但對岸觀光客卻不見得青睞的地景，用以彰顯人權與自由價值的重要性，以此形成廣義的民主理念。但在他的書中，也對臺灣人是提醒，更是忠告，例如他說：

「特約茶室展示館中的文字與圖片說明，基本上還停留在『軍中樂園』的層面，國民黨當局一方面無限美化『特約茶室』中侍應生的生活環境，一方面卻又高調譴責日軍的慰安婦制度，同樣都是慘無人道的軍中性奴隸制度，為什麼有的是選擇性的失明、有的是選擇性的看見？從這兩處地景的歷史敘事就可以看出，臺灣的民主運動史和人權史的建構遠未完成。」

讀萬卷書，行萬里路。余杰是一個熱愛旅行的讀書人，他周遊各國後寫下：「到了臺灣，我才驚喜地發現，在這個小小的島嶼上，與民主、自由、人權有關的地景，似乎比以上那些大國還要多。因為，在晚近四百年以來，臺灣人在奴役與自由、獨裁與民主、殖民與獨立之間屢戰屢敗、屢敗屢戰，一顆顆勇敢的心，可歌可泣、可圈可點，更可留取丹心照汗青。」

悵望千秋一灑淚，蕭條異國不同時。余杰是被對岸放逐的作家，卻為臺灣民主發展做了最忠實的記錄。

鴻鴻序（詩人、戲劇家、電影導演）

重新學習民主的意涵

余杰曾以《在那明亮的地方：臺灣民主地圖》按圖索驥臺灣民主的經典事蹟，從賴和、胡適、傅斯年、殷海光，到蔡瑞月、林義雄、陳文成、鄭南榕……。身為流亡海外的中國知識分子，余杰注目臺灣的異議人士，自有一份同理心，更別具宏觀的知性慧眼。他的書寫不僅於現場一手訪談，也旁徵博引相關文史資料，佐以中外抗爭者作為鏡照，更和當下臺灣的民主進行式互相輝映。可以說是一本既有歷史教育意義、又兼具實用效果的文化導遊書。

時隔不過一年，余杰端出的《臺灣民主地圖第二卷》又令我嘆服。這一本選擇的二十五個「景點」更別出心裁，顯示作者的史識與洞見。不但時間跨度更廣，從日治時期以迄當前，而且深入地方，從事細節的考掘、史實的耙梳、議題的辯證，並不吝直指臺灣文化治理的疏略與盲點。第一卷的景點我去過的未及一半，第二卷則連三分之一都不足。不但有些深具歷史意涵的地標，我聞所未聞，而且更慚愧的是，即令是我以為相當熟悉的永康街、龍山寺、圓山大飯店，亦未曾意識到它們在臺灣民主發展上佔據的重要位置，則即使日日經過又如何？來自專制國度的余杰，對臺灣的民主成果如此珍視，給了我們醍醐灌頂的提醒：即使已解嚴近二十年，黨國洗腦教育的陰影仍蒙蔽著臺灣民眾的認知。一個健康的未來臺灣需要的，初不止是被黑箱微調的課綱需要撥亂反正，而是整個教育軸心必須重新校準，教育內容也應重新洗牌。余杰的著作，堪為我們重啟學習的開始。

余杰書寫日治時期的典範人物蔣渭水、吳濁流、林獻堂，也寫當代的羅文嘉、陳歆怡；寫叱吒政壇的余登發、陳定南，更寫升斗小民的負隅抗爭與積累經營。他特別關注沉埋在歷史罅隙當中的事件，如透過高雄的戰爭與和平紀念館，探究台籍士兵如何經歷日兵、國軍、解放軍士兵以及美軍戰俘、反共義士等多種身分的轉換；透過鳳山招待所，挖掘蔣介石對海軍的大規模整肅；透過旗津的勞動女性紀念公園，講述一次沉船事故背後勞動女性如何成為經濟起飛的犧牲品。他更關注公民的自發性抗爭，如文萌樓的公娼自救行動、永康社區的護樹救公園行動、後勁的反五輕行動……，許多還在現在進行式。我發現他最關心的，是這些事件與行動當中，一些個人意志發揮的力量。如永康街的臺灣歷史文物咖啡館「秋惠文庫」的創建者林於昉醫師，以自焚抗議戰爭與和平紀念館更名的台籍老兵許昭榮，在戒嚴年代捍衛校園言論自由的臺南神學院院長黃彰輝牧師。余杰以小說家的筆法，動人地再現了一個個場景，讓讀者神遊於歷史與當下現場，認識這些真實的靈魂。

我尤其欣賞余杰對於人物與體制毫不迴避的直言批評。他讚揚成舍我辦報興學的勇敢與耿介，卻也不諱言他晚年對世新校園言論自由的干預。嚴詞批評政大將雷震銅像和紀念館塞在不起眼的角落，新竹吳濁流故居、嘉義二二八紀念館管理的荒疏，以及臺南余清芳紀念碑文、金門古寧頭紀念館的油畫及特約茶室展示館的說明文充滿大中華色彩及黨國意識型態，不符史實。這些現象反映了臺灣的轉型正義還有很長的路要走，不光是蓋了紀念館表了態就算了，而是如何以謙卑真誠的態度面對歷史真相、如何保留並傳述，這是我們責無旁貸的一課。

余杰在後記言之甚明：「這個系列雖然名為『臺灣民主地圖』，但我所關注的價值絕不僅僅是民主，而是與之息息相關的自由、人權、憲政、共和等整體性的普世價值。」徒有民主形式，無從塑造真正平等、自由的國家，徒有景點也無法讓我們認知歷史的意義。我們必須理解，才懂如何捍衛；必須詮釋，才能發起行動。這本書，便是理解與詮釋的一盞引路燈。

蔣渭水紀念公園

地動天搖時代的渭水春風

蔣渭水紀念公園

古語說得好：「醫有三品，上醫醫國，中醫醫人，下醫醫病。」如果國家病入膏肓，便需要有上醫來妙手回春。由醫師而從文，中國有魯迅，俄國有契訶夫，臺灣有賴和；由醫師而從政，則二十年代的臺灣有蔣渭水，當下的臺灣有柯文哲。柯文哲是不是真正的上醫，還要看他在臺北市長任內的政績，而柯文哲以蔣渭水的傳人自勉，讓我對天龍國的浴火重生有了幾許希望。

臺北市長的選戰中，柯文哲最動人的一篇演講，地點特別挑選在蔣渭水紀念公園。柯文哲身後就是蔣渭水出獄之後整裝待發的銅像。柯文哲演講的第一段是這樣說的：「今天我站在蔣渭水醫師的銅像前面，感觸非常深，因為我認為我這一場選舉，在精神上是繼承蔣渭水醫師九十年前沒有完成的使命，在這個紀念公園，我們可以看到蔣渭水醫師的銅像，他一手拿著醫生的看診包，代表醫病、醫社會、醫國家；另一手抱著書本，代表新文化、新知識、新觀念。」

最後一段更讓人感動：「在蔣渭水的銅像前面，我鼓勵自己，也勉勵大家，讓我們一起向著自由、平等、文明的社會前進，更希望這場選舉可以幫助整個臺灣社會，達到自由、平等、文明的社會，謝謝各位。」倘若蔣渭水聽到這段發自肺腑的演講，會不會也投給柯文哲一票呢？

入獄是旅遊，苦牢是進修

周末的早晨，與周奕成相約在大稻埕的一家早餐店見面。周奕成是野百合時代的學運先鋒，也是大稻埕復興的重要推手。一談起大稻埕，他就眼睛發亮、興致勃勃：上個世紀二十年代的大稻埕是臺灣文藝復興的基地，文化開放，思想活躍，蔣渭水就是這裡孕育出來的精神領袖。蔣渭水一生的事蹟大多發生在大稻埕，如創設大安醫院、創立「文化協會」及成立「民報」總批發處等。

我們在小店先享用了古早味的豆漿油條，然後步行去位於寧夏路、錦西街交接點的大同分局。大同分局是日據時期的「臺北北警察署」，是臺北市僅存的上世紀三十年代的警察局，已被列入市定古蹟，並規劃為「臺灣新文化運動紀念館」，以讓民眾認識殖民地時代臺灣知識分子從事文化啟蒙及反抗日本殖民統治的歷史。

今天，蔣渭水的孫子蔣朝根老師將帶領一群年輕人走一段「蔣渭水之路」。蔣朝根老師身材瘦小，精神矍鑠，妙語連珠，退休後便開始了在地文史導覽的志工生涯。等到此前在網上的報名者都到齊了，蔣老師便領一行十餘人進入大同分局內參觀。

這棟臨街角的建築，屬於折衷主義風格，擁有流線造形，入口設在轉角處。室內完整地保存了早期所建的拘留所及水牢，蔣渭水曾多次出入其間。

一九二一年，當林獻堂發起「臺灣議會請願運動」之時，正在大稻埕開業的醫師蔣渭水，認為這是「臺灣人唯一無二的活路」，從此積極參與其中。一九二三年十二月十六日，日本總督府忽然以違反治

安警察法為由，抓捕了包括蔣渭水在內的九十九名議會請願運動的活躍人士。

在第一審中，全部被捕者均獲無罪判決。裁判長堀田真猿認為：「被告所說的話，是三百六十萬島民

向日本帝國所要說的真話，宣判全體無罪。」可是，由於總督府的干預，第二、三審竟然發生大翻轉，法官判決十三人有罪，蔣渭水是同案刑期最長者。此一日治中期牽連影響最大的政治冤案，史稱「治警事件」。總督府企圖以此將臺灣文化菁英一網打盡，誰知臺灣民眾並沒有被嚇倒，反倒造就了全台反殖

民運動中史無前例的大串聯，更催化出最具國際視野的臺灣人權運動歷史。

蔣渭水第一次被拘捕時，被關押了六十四天。他在獄中筆耕不輟，完成一萬八千字的「獄中日記」。

判刑之後，他又被關了八十天，創作了五千字的「獄中隨筆」。這兩次牢獄生活，讓平常日理萬機的他

有一處安靜的環境，一口氣讀完二百多本書，他甚至把在獄中讀書視為完成青年時代失之交臂的「早稻田大學政治科」的學業。出獄後，他先後發表《北署遊記》、《再遊北署》、《三遊北署》等文章，將

監獄視為「賓館」和「別墅」，將蹲苦牢視為一種「旅遊」和「進修」，這是何等的曠達與幽默，與五四新文化運動領袖陳獨秀將監獄視為「研究室」倒是英雄所見略同。

九十年後的今天，監牢內部的陳設更顯斑駁破舊，卻基本保留當年的形貌。「我的靈魂因被逮捕而自由，我的意志使空間更形豐盈，我的呼吸因禁錮而歡暢，我內心的悸動因被壓制而響徹天際」，這是詩人江自得由蔣渭水「獄中日記」所改寫的詩句。系列組詩《那些天，蔣渭水在牢裡》後來被改編成大型合唱管弦清唱劇，轟動臺灣全島。在這鏽跡斑斑的鐵柵欄前，我的耳邊不禁響起這一段動人心弦的音樂。如果臺灣新文化運動紀念館如期整修完成，一定要設置一間小小的演奏廳，循環播放這曲既催人淚下又讓人怒髮衝冠的清唱劇。

文化頭，思想師，醫臺灣

我們的第二站是蔣渭水紀念公園，原名為「錦西公園」，為紀念蔣渭水改為現名。這個公園是大同區面積最大的鄰里公園。

在公園的入口處，有方碑一座，側面刻有文史學者莊永明所撰之蔣渭水生平介紹。

公園中間即為蔣渭水銅像，這是他剛剛從獄中獲釋，雖經摧折而仍意氣風發的模樣。這尊銅像繪影傳神地表現出蔣渭水的英俊瀟灑、神采飛揚，無論面臨多大困難，他始終樂觀昂揚、不屈不撓，如同他開的酒家的名字——春風得意樓。蔣渭水有華佗那樣手到病除的高明醫術，也有孟嘗君那樣食客三千的樂善好施。他的感情世界浪漫而曲折，他有五四一代作家郁達夫身上「曾因酒醉鞭名馬，生怕情多累美人」的放蕩不羈的一面；他的政治事業更是越挫越勇、永不回頭，直到一場突如其來的疾病奪去他的生命。

蔣渭水銅像下書寫著「文化頭、思想師、醫臺灣」九個字，準確而簡練地概括出他對臺灣的貢獻。他

‧上圖：蔣渭水紀念碑，以及左右兩側由書法家潘慶忠所書之蔣渭水名言「同胞需團結、團結真有力」

‧左下圖：臺灣民眾黨黨員紀念碑（左）與臺灣文化協會會員紀念碑（右）

‧右下圖：一九二四年二月十八日，蔣渭水出獄時與友人合影，蔣渭水為男性脫帽者左三（取自新聞資料）

利用經營醫院的收益支持文化事業和政治活動，因為他知道，醫治人的靈魂比醫治人的身體更重要。銅像所踏之花台，是一幅微縮的臺灣地圖，凸顯蔣渭水以文化啟蒙者的角色，帶領臺灣民眾走向現代化的歷史功績。同時，地圖中還用形象的水滴標識出宜蘭和臺北兩處，宜蘭和臺北是蔣渭水出生和去世的兩個地方，而水滴也暗喻著蔣渭水名字中的「水」字。

銅像旁邊有一棵鬱鬱蔥蔥的大榕樹。我站在榕樹下，不禁浮想聯翩：在暴風驟雨之時，青翠的枝葉一定會溫柔地蔭蔽著蔣渭水，讓一生操勞的蔣渭水安然小憩一陣子。蔣朝根老師介紹說，這棵從別處移植來的大榕樹，喻示著蔣渭水關注文化教育、新聞出版，「十年樹木、百年樹人」的理想。

紀念碑附近的草坪上，豎立著另外兩塊碑石。其一為「臺灣文化協會」會員紀念碑，這是臺灣第一個新文化協會，第一批會員有一千零三十五人，遭總督府打壓之後仍有六百多人。其二為「臺灣民眾黨」黨員紀念碑，這是臺灣第一個現代意義的政黨，第一批黨員有一百零五人，三年後增加到一千多人。兩塊碑石合起來的造型，正是臺灣的「母親山」玉山的形貌。蔣渭水是臺灣文化協會和臺灣民眾黨的靈魂人物，臺灣文化協會的分裂以及臺灣民眾黨的被取締，給他帶來莫大打擊，亦成為他染病去世的誘因。

公園內還有一面古色古香的紀念牌樓，外觀設計係仿照迪化街之巴洛克建築風格，重現日本大正時代當地的歷史風貌。遠遠望去，像是一間巴洛克式的房子矗立於公園旁邊，營造出移步換景的空間感。牆面上方嵌入「蔣渭水紀念碑」之牌匾，兩側立柱則嵌入書法家潘慶忠所書之蔣渭水名言「同胞須團結、團結真有力」。

此「蔣」與彼「蔣」並非一家人

英國作家狄更斯的名言，亦可移用到上個世紀二十年代的臺灣——那是最好的世代，也是最壞的時代，是光明的時代，也是黑暗的時代。或者也可以說，那是激動人心的時代，也是憤懣且吶喊的時代。蔣渭水如此定義那個時代：「也許我們可以假定今日的現狀是動搖時代。動搖時代對人類而言是最幸福的時代，有了今日的動搖，才能有明日的進步，即動搖終究會導向進步，實乃進步之母。」他那短暫如流星，卻又多姿多彩的一生，實在無愧於那個時代。那個時代呼喚出現蔣渭水這樣的英雄與先知，而蔣渭水這樣的英雄與先知也只能生活在那個「動搖時代」——我們能想像他生活在白色恐怖無孔不入的五、六十年代嗎？他即便避開「二二八」屠殺的天羅地網，也無法熬過綠島監獄的摧殘。

蔣渭水生前如孤兒般對「大中國」懷有無比美好的想像。國民黨政權也因為他的抗日事跡，而將他納入大中華的歷史敘事之中，甚至有人視之為「臺灣的孫中山」，因為孫文也是醫生兼政治活動家。但是，蔣渭水篤信民主自由的價值，本人也無強烈的權力慾望，跟為了個人權位而不惜聯俄容共的孫文相比，完全不是同一類人。若考察蔣渭水的家人在國民政府遷台後的遭遇，更可知道此「蔣」（蔣渭水）與彼「蔣」（蔣介石）並非一家人。

「二二八」事件期間，國民黨軍隊衝進蔣渭水的弟弟蔣渭川家，不由分說便開槍射擊。其女蔣巧雲當場慘死，兒子松平則重傷，蔣渭川僥倖逃生。蔣渭水的三子蔣時欽因參與臺灣自治同盟的活動，並且代表學生在中山堂廣場演說，被列入通緝要犯。

在白色恐怖時期，蔣渭水的養女蔣碧玉與夫婿、時任基隆中學校長的鍾浩東捲入基隆工委案，鍾浩東遭槍決，蔣碧玉則在軍法處熬過半年的審訊之後獲釋。此後數十年，蔣碧玉過著窘困的生活，靠在風化區歸綏街賣紅豆餅、陽春麵為生。儘管愁苦漂泊，被人暱稱「蔣姑娘」的蔣碧玉仍堅持延續蔣渭水的遺志，與夫婿鍾浩東的心願，畢生尋求和平民主之路。作家藍博洲的《幌馬車之歌》一書，便是以鍾浩東夫婦為題材，導演侯孝賢更據此拍攝電影《好男好女》。

若蔣渭水知曉這一切，能不心痛如刀攪嗎？可以想像，若蔣渭水活到一九四五年以後，一定會挺身反抗國民黨的暴政，正如昔日反抗日本殖民統治一樣。因為，真正的反抗者，不單是出於種族的因素而反抗，更是因為熱愛自由而反抗一切形式的專制。

蔣朝根回憶說，他小時候完全不知道祖父的事跡，「祖父所作所為，都和戒嚴時代的政治文化牴觸，那是一種忌諱，家人也不願意談」。作為小學教師的他，直到二〇〇一年退休後，才透過原始文獻資料認識祖父。「歷史可能被掩埋或選擇性遺忘，但歷史真相無法被竄改或磨滅，越來越多的原始資料出爐後，我對祖父的印象就越清晰。」

一路走來，蔣朝根對每一條街道、每棟建築都如數家珍。蔣渭水結交天下豪傑的春風得意樓、臺灣民眾黨本部、臺灣工友總聯盟創立大會地蓬萊閣、文化協會文化講座兼讀報社等具有紀念意義的地標，在戰爭的硝煙和都市更新的浪潮中全都面目全非，有的地方只是在新建築的牆面安置一塊小小的說明牌子，保護文化古蹟的觀念在臺灣社會來得太遲了。

不過，也有仍舊保持原樣的地方。比如，天主教靜修女中那間小禮堂還是當年那樣莊嚴靜穆，新文化協會曾在此舉行成立大會。開會那天，附近三個警署的警長都趕來監視，如臨大敵，卻又平安無事。

大安醫院舊址則被義美高家買下，改建為大樓。一樓為義美門市，牆上掛著大安醫院的老照片，一個角落還擺放著有關蔣渭水的文物資料。蔣朝根拿起一本《臺灣民報》的複印本，提醒大家說，廣告比文章的頁面多出一倍，可見蔣渭水推廣的社會運動受到商家實質性的支持。

義美的店員早已同蔣朝根熟悉，熱情的經理送給尋根團隊每人一盒橙汁飲料。這個小小的細節，顯示義美是一家如今「多乎哉？不多矣」的、有情有義的企業，而背後更可看出蔣渭水的魅力如江水般穿越歷史、綿延不絕。◆

蔣渭水紀念公園

地址：臺北市大同區錦西街51號對面
電話：無
參觀時間：全年（開放空間）

010214-215
雷震紀念館
雷震研究中心
Lei Chen Memorial Hall
Lei Chen Research Center

有隆隆雷聲，震動那沉睡的年月

雷震紀念館

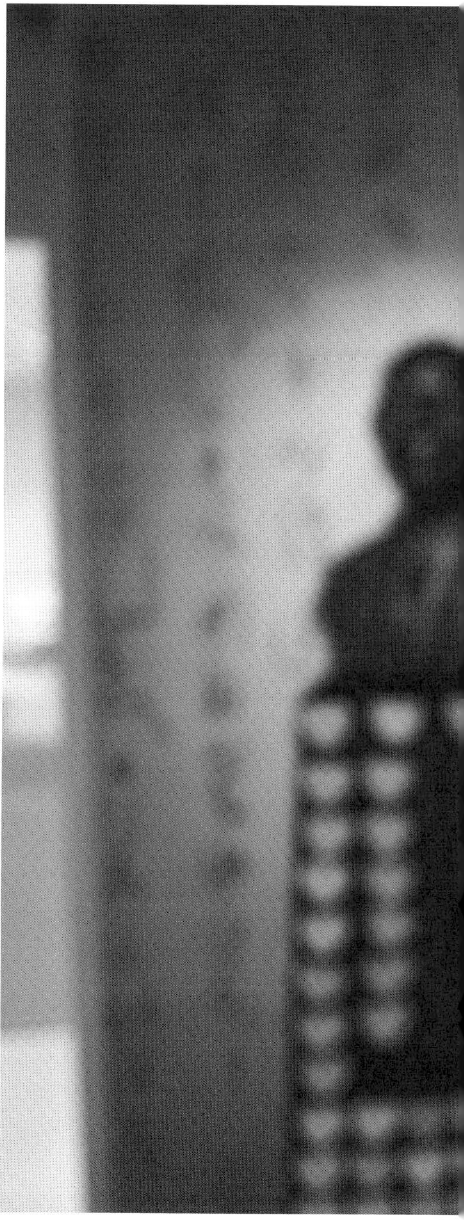

我所見到的唯一一位《自由中國》時代的當事人，是聶華苓女士。二〇〇三年夏，我第一次訪問美國時，專程到愛荷華城探望這位傳奇人物。那時，老太太已七十八歲高齡，精神矍鑠、思維敏捷，對我這個後生小子、不速之客，盛情款待、無所不談。

聶華苓相當健談，當她回憶起在《自由中國》擔任編輯委員和文藝欄編輯的那十一年，眉飛色舞，一往深情。唯一的中斷，是院子裡忽然跑來一頭小鹿，老太太趕緊出去餵食，像是照顧自家養的貓狗一樣。這頭小鹿常常跑來找吃的，它哪裡知道這個黃皮膚、小個子的華人老太太，是一位享譽世界的作家和堅韌不拔的民主鬥士？

晚上，聶華苓請我到她家附近的一家中餐廳吃飯，再細細給我講她與雷震之間情同父女的關係。我聽得入神，忘記了自己吃了哪些菜、菜的味道如何。雷震是聶華苓一生中最佩服的英雄，她更坦率地表示，她看不起胡適：「胡適膽子太小。」雷震被捕後，胡適未能積極奔走營救。胡適曾答應雷震的女兒雷美琳去獄中探望雷震，卻未能實現此一諾言。這是我第一次親耳聽到有前輩如此直率而尖銳地批評胡適。

聽聶華苓講到此處，我想起一段雷震與胡適的往事：一九六一年七月，雷震六十五歲生日，胡適手書南宋詩人楊萬里的詩《桂源鋪》相贈：「萬山不許一溪奔，攔得溪聲日夜喧。到得前頭山腳盡，堂堂溪水出前村。」第二年胡適就去世了。與胡適親近的歷史學家唐德剛說，雷震案之後，胡適好像一下子老了二十歲。雷震本人也認為，胡適的速死與受雷案的刺激有關，他出獄後每年胡適的生日和忌日，都與太太一起去胡適墓園祭拜。這倒從另一個側面說明，胡適並非沒有良心的勢利政客，只是在蔣介石氣焰熏天、剛愎自用的情勢下，他在蔣面前說話只能點到為止，而難以有更多作為。

· 上圖：引發「雷震案」的《自由中國》雜誌

· 下圖：雷震相關國防部檔案史料

那尊銅像，應當擺放在更加寬闊明亮的地方

雷震故居位於松江路捷運站出口附近，在捷運建設期間被拆毀。後來，當人們提議設立雷震紀念館時，已不可能將故居復原。於是，只好退而求其次，在政治大學內設立了雷震紀念館及研究中心。

當我來到政大校門口，向保全人員詢問雷震研究中心的具體位置時，幾位保全都說不知道。他們打了好幾通電話才問到有關資訊，告訴我雷震紀念館位於社會科學資料中心二樓。看來，很少有人來此參訪，否則校門的保全不會不知道。

雷震出獄之後，晚年的處境堪稱「冠蓋滿京華，斯人獨憔悴」，直到今天，仍是如此。政大原本是國民黨中央黨校，與雷震並無太深的淵源，將雷震紀念館設置於此，未必是一個最佳選擇。

進入大樓，一樓大廳中並無明顯的標誌，我又詢問了兩位工作人員，才知道必須繞過一個一樓與二樓之間的夾層才能抵達雷震紀念館。在狹窄的過道上，我終於看到紀念館的門牌，以及擺放在門口的雷震半身銅像。看到這尊銅像，我突然想到，迄今為止唯一的一本雷震傳記《民主的銅像——雷震傳》，偏偏是一位從未在臺灣生活過的中國學者范泓寫的，這是否說明雷震在臺灣未受足夠的重視，卻在中國的自由知識分子心中享有更崇高的地位？雷震的自由民主憲政的理想在臺灣初步實現，而在彼岸的中國仍是水月鏡花，中國的自由知識分子將他的思想及抗爭歷程作為自我激勵的標竿。

雷震銅像落成於二〇一二年。早在六十年前的一九五二年，胡適就有為雷震造銅像的倡議。當時，旅居美國的胡適第一次到臺灣講學，心中對臺灣的局勢能否穩住並無把握，暫時沒有決定回台定居。在《自由中國》三週年紀念會上，胡適第一次在臺灣發表公開演講，熱情萬分地說：「雷先生為民主自由奮鬥，臺灣的人應該給雷震造個銅像。」雷震並未因此洋洋得意，他在日記中冷靜地寫道：「聽到適之先生之言，當然愉快，不過我個人是會獨立奮鬥的，不必有什麼靠山。」可見，他並沒有讓名滿天下的

1970 1960

胡適充當《自由中國》的擋箭牌的計謀。

這尊晚來一個甲子的銅像，並非政府出資塑造，而是由雷震外孫及友人捐贈。在半身銅像的基座上，刻有最能體現雷震不屈不撓、天真樂觀的性格的一句話：「他們把我的雜誌和黨搞垮了，不要為我悲哀，應為我從容取義而感到驕傲。」我相信，十有八九的政大學生並不知道學校裡有這尊雷震銅像。反之，人人都知道政大校園裡豎立著一尊大得多的蔣介石塑像，而蔣氏正是迫害雷震的元凶、白色恐怖的始作俑者。正義與邪惡仍然錯位。我盼望，在不久的將來，蔣介石的塑像被移出政大乃至臺灣每一所大學及中小學，而雷震的銅像則移出昏暗的樓道而安置到校園裡人流最多的廣場上讓師生駐足瞻仰。

從「自由中國」到「中華臺灣民主國」

雷震紀念館的面積跟一間容納三、五十人的普通教室差不多大。在這間小巧玲瓏的展館內，常設的展覽主題，回顧雷震從幼時到晚年，根據其生平的關鍵時刻及重大事跡，規劃為七大主題區塊，依次為：憲政思想的養成與戰時的憲政追求、政治協商會議、制憲國民大會、《自由中國》的成立與主張、雷震案、救亡圖存獻議、平反。

牆上的看板，有雷震各個時期的照片，仔細端詳其長相，是相當典型的「南人北相」，他身材高挑魁梧，又頂毛早年即童山濯濯，遂有「雷三毛」之稱。其中，抗戰期間在重慶郊外的那張照片，最有睥睨天下、羽扇綸巾的氣質。背後青山隱隱的風景，是我少年時代熟悉的巴蜀特有的自然環境。雷震離開大陸之後終身未曾踏上歸鄉之旅，作為流亡者的我也不知何時才能回家。

展櫃內收藏有雷震各個時期的手稿，如《五五憲草修正案》的草稿，可見雷震在憲政研究方面用功之勤。旁邊的書架上收藏有研究雷震、《自由中國》及臺灣民主運動歷史的各種著作，如薛元化教授之

《自由中國與民主憲政》，便是我在北大讀書時便精讀過的一本名著。館內還設有數位資訊檢索區，《雷震史料彙編》及全部《自由中國》雜誌均已實現數位化，可供參觀者和研究者進行資料的檢索和閱讀。另外還有一間小小的藏書閣，使用新型的儲藏防潮櫃，對一套保存完好的《自由中國》雜誌和其他史料、檔案、文件，進行安全保存，並期許這些文件在此「永續典藏」。

在雷震的手稿中，最吸引我的是他在一九七一年撰寫的《救亡圖存獻議》。此時，雷震出獄僅一年。在這篇文章中，他鑒於中華民國政府被逐出聯合國的嚴峻態勢，提出十大政治改革建議，並呈送蔣介石等五名最高權力者。這份文件一直對外秘而不宣。直到一九八四年和一九八五年，黨外雜誌《關懷》和《生根》才發表部分章節。當時臺灣尚未解嚴，編者認為雷震倡導成立「中華臺灣民主國」的主張過於敏感，發表時選擇刪去。由此可見，雷震的思想何其超前。在《自由中國》那一代人中，雷震和傅正是少有的超越省籍意識的外省人。他們以民主、自由、憲政為終極價值，突破大中華和大一統意識形態的桎梏，進而同情、認同和支持臺灣的本土化潮流，也讓自己不至落伍於時代的潮頭浪尖。

雷震的一生，如近代思想家和政治活動家梁啟超一樣，善變而求變，高瞻且遠矚，不惜成為箭垛式的人物，正如學者林淇瀁在為其遺作《新黨運動黑皮書》所寫的導論中所說：「雷震一生歷經亂世，跌宕於政治怒濤之中，以一九四九年為界，之前之風光，之後之慘淡，如日與月之相推。……雷震在他的人生歷程中，捨棄了在國民黨內官運亨通、錦衣玉食的坦途，卻選擇了頑抗威權統治、堅持民主憲政理念、而終至成為階下囚的險惡道路。雷震用他的理念與實踐，一步一步行入黑牢所在，由受到蔣介石倚重的紅頂智囊，成為對抗國民黨黨國機器的報人與政治家，他的後半段人生，黯淡無光；他的生命，卻在黯淡處燦放出戰後臺灣政治與媒介史上奇詭瑰麗的霞光，成為一則傳奇，足供後來者爭頌。」何謂光，何為影，何謂明，何謂暗，需要經過歷史的淘洗後，重新加以定義。

雷震与胡適
萬山不許一溪奔
攔得溪声日夜喧
到得前頭山腳盡
堂堂溪水出前村

平反
雷震案

作為軍人的蔣介石聲稱「辦案猶如作戰」，一手打造雷震案，連判決書和刑期都親自擬定。蔣以為將雷震關進監牢，就大獲全勝、高枕無憂。殊不知，有一種人如同熱愛飛翔的自由鳥，他們的靈魂是關不住的，雷震就是這種人。雖然《自由中國》被停刊，中國民主黨的組黨計劃胎死腹中，表面上看雷震自不量力、一事無成；但是，如果放寬歷史的視野，就會清楚地看到，最後的勝利者是雷震，而不是蔣介石。臺灣步入民主社會二十多年以後，在年輕一代中，熱愛民主自由價值的人明顯多於贊同專制獨裁觀念的人。故而，追念雷震的人也必定多於追念蔣介石的人。

中國會出現雷震的繼承人嗎？

一九六〇年代，《自由中國》引發的「雷震案」轟動海內外，美國學者費正清痛斥此案顯示臺灣是一個「高壓的警察國家」，連一向親蔣的《時代》週刊也認為此案「有讓國民黨失去國際同情的危險」。五十多年後，在民主憲政不斷深化的臺灣，雷案中的軍法審判模式，繼續成為洪仲丘案中民眾關注的焦點，以及司法改革的突破口。軍方在強大的輿論壓力之下，放棄了此前踐踏法治的審判與監禁之權。而在彼岸的中國，雷震終其一生不懈追求的民主憲政理想，成為劉曉波、許志永等仁人志士追尋的遠景，他們像雷震一樣以殉道者的勇氣對抗暴政，報禁與黨禁之門終將被衝開。

雷震是海峽兩岸共同的精神資源。二〇一三年，中國學者范泓的《民主的銅像——雷震傳》在臺灣出版，出版社以「中國是否可能出現下一個雷震？」為題，在誠品書店舉行新書發表會。雷震的仰慕者們濟濟一堂，探討雷震精神與中國未來之關聯。

從某種意義上說，「中國的雷震」早已出現，就是身在獄中的諾貝爾和平獎得主劉曉波。劉曉波與雷震承擔著同樣的苦難與重軛。作為異議人士，最痛苦的考驗，不是本人被羅織罪名、身陷牢獄——這是他們求仁得仁的結果；最痛苦的考驗，是連累無辜的家人。而獨裁政權最邪惡之處，就是用「株連九族」的方式瓦解抗爭者的意志。

雷震被蔣政權視為「國家的敵人」，其家人亦淪為賤民。兒子雷德成服兵役時被派到條件最差的馬祖，冬天睡在陰冷的山洞裡，因為個子太高，棉被太短，小腿長期受凍，患上風濕性痲痺症，行動出現困難。因為是雷震的兒子，他五次申請回台治療都未被核准。直到役期結束，他才坐輪椅回臺北，卻已病入膏肓，動了三十多次手術，仍未保住雙腿，從大腿根部截肢，不久就去世了。雷震在獄中無法跟兒子見上最後一面，成為其終身之痛。雷震在獄中白髮人送黑髮人，在給兒子的輓聯中寫道：「未能訣別，傷心何似？盼兒慢走，父會跟著來。」

雷震的女婿金陵，原本是一名前途無量的海軍上尉，因為執意要娶雷震的女兒，被軍方記大過兩次，不得不申請退役，之後想找一份工作卻四處碰壁。夫妻倆決定遠走美國，卻拿不到出境許可。剛烈不阿的雷震不得不作出讓步，同意不再接受外國媒體訪問、不再發表批判當局的文章，以換取女兒一家的出境許可。晚年的雷震作出此決定時，內心是何其悲憤和悽楚！

劉曉波也是一樣。他先後四次入獄，加起來坐牢十七年，自己可以忍受，但連累家人受苦，不由痛徹肺腑。妻子劉霞自從丈夫榮獲諾獎之日起便被非法軟禁在家，比坐牢的丈夫還要難熬。幾乎與世隔絕的生活，讓劉霞患上嚴重的憂鬱症和失眠症。妻弟劉暉則因為幫助姐姐、姐夫並接受外國媒體訪問，被當局冠以莫須有的經濟罪名，判刑十一年。一家人瀕臨家破人亡的邊緣。

這是時代的重軛，這是先知的使命。上帝揀選雷震和劉曉波這樣的「頑石」，讓他們勇銳地向鐵幕發起衝擊，他們不一定享有勝利的果實，但抗爭本身就是人類歷史中最美的姿態。雷震在獄中給兒女的家書中寫道：「我是締造歷史的人，我自信方向對而工作努力，歷史當會給我做證明。」在雷震紀念館流連忘返之際，我想，這個小小的紀念館就是歷史給雷震的正名。我更相信，在不久的將來，中國會有一

所劉曉波紀念館落成並對外開放，我願意到那裡做一名普通館員，向前來參觀的孩子們講述劉曉波的故事，以及我自己的故事……◆

·位於政治大學社會科學資料中心二樓的雷震紀念館

雷震紀念館

地址：臺北市文山區指南路二段64號
（國立政治大學社資中心2樓）
電話：02-29393091　分機80655
參觀時間：每週二至週六
10:00-12:00；14:00-17:00
（國定例假日假日除外）
＊若為多人或團體前來，請先來電預約導覽

She-Wo Institute for Chinese Journalism

我要說話，我要說話！

成舍我紀念館

如果要從一個人身上看到中國和臺灣二十世紀新聞自由的整個歷程，最佳人選當是成舍我。他生於清末，歷經北洋政府、南京政府以及臺灣從戒嚴到解嚴，一生為「新聞自由」與「人權保障」奮鬥不息，直至九十高齡時，病中口不能言，仍巍巍顫顫地寫下「我要說話」四字，恰是其畢生事業之寫照。上帝造人，賦予人嘴巴，除了吃飯和接吻，說話乃必不可少的功能。然而，生活在獨裁和戰亂之下的人們，連說話都成了奢侈品。

我從大學時代就對成舍我這位近代新聞界的傳奇人物充滿好奇心，在北大圖書館台港文獻中心，看到過很多成舍我的文章和資料。可惜，我去臺灣訪問時，老人已騎鶴仙去，無緣見面。不過，聽說世新大學成立了一間成舍我紀念館，我就在臉書上與紀念館的研究員黃順星相約，正好在六四紀念日那天前去參觀——一九八九年，北京天安門學運的訴求之一，也正是新聞自由。

我們在世新的山洞大門會面，步入校園就看到言論廣場以及成舍我塑像。廣場上有一群充滿青春活力的學生正在為社團招兵買馬。步行數分鐘，就到了世新大學舍我樓，小巧玲瓏的紀念館隱藏在十二樓。展覽館內使用影片、成舍我生平物品及著作手稿呈現其跌宕起伏、風雨兼程的一生。

沒有新聞自由，何來民主國家？

正如紀念館中的三大區塊，成舍我一生的事業分為三大塊：辦報、興學與問政。三者中，尤以辦報為重心所在。

成舍我的父親曾為舒城監獄典史，有一次被誣入獄。上海《神州日報》駐安慶記者方石蓀，激於義憤，撰文報導真相，其父乃獲平反。成舍我由此認識到，報紙的力量足以扶正義，辨是非，為社會維護風氣，乃立志為新聞記者。多年以後，已是八十老翁的成舍我壯遊美國，在由洛杉磯到舊金山的途中寫

舍我樓
She-Wo Building

了一首詩，館外的走廊上，正掛著他手書的詩句，其中有幾句如此寫道：「八十到頭終強項，敢持庭訓報先親（旁註：初承庭訓，報人凡事均應明辨是非，不可阿附權貴）。生逢戰亂傷離散，老盼菁英致太平。壯志未隨雙鬢白，孤忠永共萬山青。」這幾句詩正是其一生的概括。如今的兩岸的媒體人，或為官與商的幫忙與幫閑，或為大眾的幫忙與幫閑，有多少人做到「明辨是非」這個最基本的要求呢？

一九一七年，成舍我欲進北京大學深造，無奈沒有中學文憑而不能入學，乃致書蔡元培校長，自述求學之殷。蔡校長特准許其旁聽。次年，後經李大釗介紹入《益世報》當兼職編輯。當時北大規定，旁聽生第一學年成績平均分在八十以上者，可以轉為正式生。一九一九年九月，成舍我以優異的成績成為北大國文系正式生。在北大求學期間，他創辦北大新知書社，編輯出版文化啟蒙的書籍。讀到成舍我的這段經歷，我為之神往，那才是「兼容並包、思想自由」的真北大，而我在七十五年後考入的北大，早已喪失了北大的真精神，樓堂館所林立，卻如行屍走肉。

一九二四年，成舍我以積蓄銀圓二百元，獨力創辦《世界晚報》，自任社長，出版對開一大張，且以不畏強權、不受津貼為號召。該報立場堅定、消息靈通，舉凡撰社論、採新聞、編輯與經營，皆由成舍我一身以任之，只邀龔德柏專訪外交新聞，張恨水主編副刊。次年，又創辦《世界日報》及《世界畫報》。從此，三張報紙，三足鼎立。

一九二六年，軍閥張宗昌橫行北方，《京報》社長邵飄萍、《社會日報》社長林白水皆以觸其怒而先後遇害，北平各報僅刊以簡訊，略而不述。《世界晚報》則以頭條黑邊標題致其哀悼之忱，兼申反抗之意。軍閥震怒，成舍我被捕下獄，行將槍決，幸為孫寶琦營救，倖免於難，成舍我謔稱此為「第一次值得追憶的笑」。

軍閥粗魯橫暴，黨國的報刊檢查就能吞舟是漏嗎？一九二七年，北伐成功後，國民政府定都南京，成舍我前往南京創辦《民生報》，為首都南京首創之小型報。後來，《民生報》因揭發行政院院長汪精衛親信彭學沛貪污案被查封，成舍我被拘禁四十日，其釋放條件為《民生報》永遠停刊，成舍我不可以其他名義在南京辦報。成合我慨然語人曰：「彼汪某權傾一時耳，豈能終身為行政院院長，我則可終身為記者也。」他還在北平《世界日報》發表〈南京民生報停刊經過〉一文，控訴說：「現今中國政治的情況，最大多數的老百姓，都不說話，不敢說話，不會說話，如果新聞記者，也是一樣，那麼，中國政治，將永無清明可望。」可見，軍閥控制下的北平比國民黨統治的南京還多一點新聞自由。

一蟹不如一蟹，國民黨不講理，共產黨更是直接用槍桿子消滅筆桿子。一九四九年，共軍席捲北方，成舍我創辦的《世界日報》等三報全部遭查封，成舍我亦被定性為「反動分子」。三軍不可奪帥，匹夫不可奪志，成舍我遂在上海《中報》、《新聞報》刊登聲明：「余深信天地之大，中共能摧毀余北平之《世界日報》，然無法摧毀余畢生獻身新聞事業發揮正義抵抗暴力之意志。」中國大陸淪陷之後，成舍我避居香港，繼續辦報，對抗中共。

此時，敗退臺灣的蔣介石急需獲得滯留香港的文化名流的支持，遂派人游說成舍我到臺灣，甚至開出允許他在臺灣自由辦報的條件。成舍我信以為真，到臺灣之後才發現，戒嚴體制下根本沒有獨立辦報的空間，不得不將後半生轉向辦學和問政。

作為第一屆新聞界的立法委員，成舍我的問政亦集中在新聞自由方面。一九五五年，他在立法院提出質詢，前國大代表龔德柏蒙冤失蹤五年，有關當局為何「不審、不判、不殺、不放」？他還質問「新辦報紙雜誌何以不許登記」？紀念館中存有一張他手寫的便箋：「除了共產國家不許報紙自由出版之外，哪一個民主自由的國家三十年不允許一個新的報紙出版，這是一件不可思議的事，也就無怪乎人家要責備我們民主自由不夠了。」義正辭嚴，擲地有聲。老蔣和小蔣恐怕都無言以對。

一九八八年，成舍我以九十一歲高齡，在臺北創辦臺灣《立報》，以「搶救國家生存」及「維護大多數人民福利」為宗旨，「目的在使三萬畢業校友及在校同學有一確實無黨無派，不偏不倚之日報，實踐

·上圖：成舍我先後所辦之《世界晚報》、《民生報》、《世界畫報》與《立報》等報紙

·下圖：一九八八年成舍我九十一歲高齡時創辦以「搶救國加生存」及「維護大多數人民福利」為宗旨之《立報》

其所學新聞理論與才能」。由此，他成為當今世界最高齡的辦報人和一生辦報最多的報人。

這張書桌上，有文字橫掃千軍

對於知識分子，我喜歡窺視他們的書房，從書房的書桌和藏書中，可以看出其性情面貌以及理想志業。

成舍我紀念館的鎮館之寶，大概就是書房區的物品。寬大的書桌上，擺放著成舍我生前的辦公用品，諸如筆墨、檯燈、電話等。後面的書櫃裡，有很多成舍我的藏書，其中有不少是中國在六、七十年代出版的簡體書籍，是成舍我的女兒成露茜赴中國訪問時購置的。那時兩岸尚未解禁，成露茜從美國偷偷去中國，見到了留在中國的兄長成思危（不過，作為經濟學家的成思危，在中國充當共產黨的統戰花瓶，毫無乃父之風骨）。當時，此類書籍都是臺灣的禁書，成舍我卻從中瞭解中國社會的發展脈絡，知己知彼，才能百戰不殆。

成舍我除了辦報、興學和問政外，還勤於著述，其著述質量之高、領域之廣、數量之大，不僅記者望塵莫及，也讓許多專業作家或大學教授歎為觀止。展櫃中有不少成舍我的親筆文稿、書信，以及幾頁日記，記載事件詳實而周密，可見其心思縝密、辦事周延。我想，如果成舍我的日記能出版，堪稱中國和臺灣新聞事業史的縮影。可惜，由於其家人對日記中臧否人物的部分內容有所顧慮，這部日記尚不能問世。

黃順星介紹說，紀念館有固定的展出，也不時舉辦一些特展。現在紀念館周圍的走廊上就有兩個主題展。一是「漫畫中的歷史．歷史中的漫畫：三〇年代上海《立報》的浮世繪」。該特展旨在透過紀念館「舍我先生報業數位典藏資料庫」所典藏的上海《立報》來認識一九三〇年代的中國。那時，正值日本

侵略，國難當頭，漫畫界人士以畫代筆，漫畫創作空前繁榮。此次展出的漫畫，從衣衫襤褸的苦力到時髦的女郎，從納粹元首希特勒到前線的中國士兵，無所不包。成舍我是較早意識到漫畫的威力的報人，在創辦《世界畫報》時，就找來名畫家林風眠作畫。漫畫比文字更有戰鬥力，這就是伊斯蘭極端分子血洗巴黎《查理週刊》，以及中國漫畫家「變態辣椒」因為畫了習近平的漫畫而不得不流亡日本的原因。

另一展覽為《「豔驚四方」：四方報畫展》。《四方報》創刊於二〇〇六年，以多種東南亞文字印刷，主要讀者群為越南籍人士，內容包含台越重要新聞、醫療訊息、法律宣傳與讀者投書等。新移民已是臺灣四大族群之一員，東南亞的藝術之美也受到重視與肯定。《四方報》自出刊以來，每月收到大量越南移民的畫作，在資源受到侷限的情形下，作者們以過期廢棄的月曆紙、影印紙、計算紙等，畫出一張張傾訴生命故事的作品。我尤其喜歡畫中那些堅韌頑強而風姿綽約的越南女性，很多是作者的自畫像呢。

學生眼中的老校長：與國民黨的衝突與調適

成舍我與國民黨政權之關係，衝突與調適並行不悖，抗爭與壓制犬牙交錯，有黑白分明的領域，也有曖昧的灰色地帶。

與胡適一樣，成舍我是「有條件地支持」國民黨的自由知識分子。當《自由中國》發行人雷震被重判之時，成舍我與胡秋原、陶百川等，皆不滿軍法審判，於各報發表聲明，公開呼籲釋放雷震。在風聲鶴唳的氛圍之下，連胡適都不敢去探望雷震，成舍我卻去獄中探望老友，此後還擔任雷震女兒雷美琳的證婚人。創辦世界新聞專科學校之後，成舍我聘任不少其他學校不敢碰的文字獄受害者，並給他們提供良好的工作環境。

當然，成舍我也知道，他不能像雷震那樣與國民黨決裂，這樣會讓學校關門。作為世新創辦人，他也對校園內的自由適度管制。從世新畢業的社會運動活躍人士和新聞學者管中祥，向我講述了在世新求學期間的經歷，凸顯出成舍我與國民黨政權以及激進學生之間的矛盾與衝撞。

那時，世新使用美國大學新聞系的教材，在那些教材中，新聞自由是天經地義的原則。但在臺灣的現實生活中，卻沒有新聞自由。因此，理念與實踐出現難以調和的衝突：若將學校教育中的新聞自由理念應用到日後的新聞工作中，世新畢業生必將碰得頭破血流。在世新校園內亦是如此，儘管世新的學生比其他學校的學生享有更多自由，但學校對學生也有諸多管制措施。比如，一九八八年，有警察進入學校抓人，學生們發起票選「十大惡警」活動，校報不予刊登。學生們遂辦地下刊物，批評校方的行政干預。一九九〇年，臺灣的民主化剛剛起步，世新學生發起「臺灣新世紀」系列演講，將演講者名單送給校方，校方發現有很多高度敏感的政治人物，遂不予批准。上有政策、下有對策，學生們想出一個敷衍校方的辦法：對外宣傳是請這些敏感人物到學校跟同學「聊天」，講者不站在台上，卻手持大聲公，跟演講並無太大差別。如此，終於暗渡陳倉。

管中祥說，在他唸書的年代，成舍我已高齡，很少出來對學生講話，在大多數學生心目中，老校長是一位傳說中的神秘人物。成舍我一生以節儉著稱，也以此原則辦學。但有些領域必須捨得花錢，比如圖書館。當時，同學們反映說，圖書館的書太舊了，希望購置一批新書。成舍我回應說，書沒有新舊之差別，明清時代的書也很有價值。話雖不錯，卻不符合世界新聞業日新月異的潮流，老校長的思想沒有跟上時代的變化。

成舍我創辦世界新聞專科學校時，以「德智兼修」和「手腦並用」為校訓，多年來，數萬世新畢業生成為臺灣新聞界的中流砥柱。用管中祥的話來說，政大新聞系是國民黨培養新聞人才的重鎮，其畢業生大都在新聞界執掌權力，思想相對比較保守；而作為私立學校的世新，有著強烈的草根色彩，其畢業生大都在基層打拚，亦更願意為弱勢群體和社會公義發聲，並形成「螞蟻雄兵」的力量。

在今天的臺灣，如果成舍我看到，網際網路「個人媒體」超越傳統媒體，人人都享有免於恐懼的自由並大聲說話，該感到何其欣慰啊！◆

· 成舍我手跡（照片由作者提供）

舍我紀念館

地址：臺北市文山區木柵路一段17巷1號
（世新大學舍我樓12樓）
電話：02-2236-8225　分機2402
參觀時間：每週一至週五
09:00-17:00（週末休館）

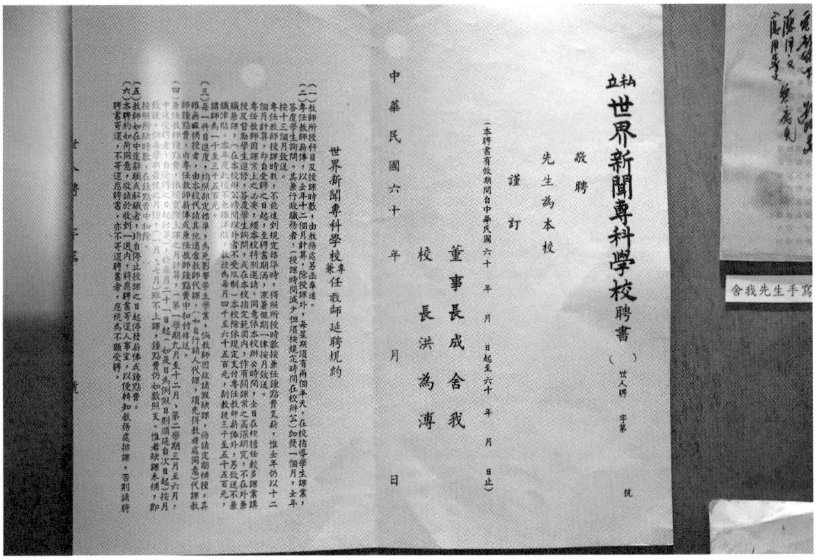

·上圖：成舍我生前寬大書桌上的辦公用品

·下圖：成舍我創辦世新專校後聘任不少他校不敢碰的文字獄受害者

民主潮水拍山門

龍山寺

春節期間，臺北冷清了許多。人山人海的地方，除了一〇一大樓和西門町等人潮聚集的鬧市旺地，恐怕就是艋舺的龍山寺了。

我一向對煙霧繚繞的寺廟避之唯恐不及。這一次，一家三口去華西街夜市尋找好吃的，誤打誤撞，走到龍山寺門口，突然發現，來此燒香拜佛的人們，在門口的廣場前排起長龍。長期居住在美國安靜散淡的鄉村，無意之中來到人聲鼎沸、摩肩接踵之處，還真有點不知今夕是何年之感。

我們一家三口從大門口往裡張望，只見大殿雄偉森嚴、雕樑畫棟、巧奪天工。

六歲的兒子問我：「爸爸，臺灣大總統住在這裡嗎？」我們曾帶兒子去白宮參觀，他理所當然地認為，每個國家的大總統都住在一棟漂亮的大房子裡。也許，龍山寺的外觀比臺灣的總統府更加氣派和華麗，兒子才誤以為這裡是臺灣大總統居住的地方。童言無忌，卻也道出某些真相：臺灣的佛教遠離了原始佛教質樸剛健的本色：奢靡鋪張、紙醉金迷。

昔日的龍山寺曾經是「半個政府」

臺灣建築史家徐逸鴻在《圖說艋舺龍山寺》一書中指出，龍山寺是各界大師的聯手之作，「王益順的建築格局之巧、黃龜理的木雕之精、陳天乞和張添發的剪花之細、惠安蔣氏的石雕之妙，在艋舺龍山寺統統都可以看到。」但我並不欣賞這種過分華麗的裝飾風格，民俗學家林衡道亦指出：「十八世紀法國路易十四時代的巴洛克和洛可可畫風，被美術史家認為裝飾過多，看不見面和線的美，所以評價很低。如果從這個觀點來看，臺北的龍山寺就犯有嚴重的巴洛克和洛可可的毛病。」豈止龍山寺如此，臺灣新興佛教的很多寺廟不都如此嗎？

龍山寺坐北朝南，面呈回字形，為中國古典三進四合院之宮殿式建築。三川殿前有一對全台僅見之銅

·晚清以來，龍山寺為萬華一帶居民的信仰中心

· 建築格局之巧、木雕之精、剪花之細、石雕之妙，都可在龍山寺看到

鑄蟠龍柱，正面牆堵則由花崗石與青鬥石混合組構而成，牆上故事多出自《三國演義》和《封神榜》。最不可思議之處，是殿內的螺旋藻井不費一釘一鐵，全由斗栱相嵌築構而成。

作為臺灣一級歷史古蹟和臺北第一名剎，龍山寺雖以寺名，卻不是一座純粹的佛教寺廟，而融入儒釋道及各種民間宗教的成分。寺內有觀音、媽祖、水仙王、關帝、十八羅漢……號稱兩百多種神祇。這種混雜型的信仰，已經不是嚴格意義上的宗教信仰，而是一種「姑且拜一拜」的民間迷信。

當年，胡適來龍山寺遊覽，看見供桌上擺著雞和豬頭，詫異地問：「怎麼佛教寺廟，可以擺葷的東西？」陪同者解釋說：「龍山寺不是道地的佛教寺廟，只是民間信仰的通俗廟宇而已。」

儘管如此，晚清以來，龍山寺既是萬華一帶居民的信仰中心，更是政治、經濟、司法和文化中心。清朝在臺灣的治理漫不經心，民間形成自治傳統，舉凡議事、訴訟等均來龍山寺祈求神靈之公斷。龍山寺甚至在淡水河上設立關卡收稅，以及組織武裝力量對抗外來移民集團。

在光緒十年（西元一八八四年）的中法戰爭中，法軍侵佔基隆獅球嶺，官府心驚膽戰，有南遷之議論。當地居民群情激憤，於龍山寺商議抗敵大計，並作陳情文，蓋上龍山寺關防，送往劉銘傳之巡撫衙門。進而組織義軍，關閉隘門，協助官兵擊退法軍。戰爭結束後，龍山寺獲光緒皇帝欽賜「慈暉遠蔭」匾額。在戰亂時代，龍山寺不僅是社群的精神支柱，甚至充當了半個政府的角色。可惜，這樣一種地方自治的模式，未能與現代政治中的自治理念對接，進而形成某種良性而持久的臺灣本土政治傳統。此後，很多不同類型的廟宇與地方家族勢力和黑金政治攪和在一起，反倒成為民主政治發展的阻礙。

在臺北的諸多寺廟中，龍山寺鶴立雞群。長久以來，龍山寺形成了某種氣場，其象徵意義和精神指標，不亞於國民黨後來著力打造的國父紀念館、中正紀念堂、忠烈祠等紀念性建築。而當黨外運動勃然興起之時，運動健將們選擇了龍山寺廣場為聚集民間力量之處。在白娘子和許仙的故事裡，白蛇為了救丈夫，不惜水漫金山；在臺灣的民主運動史上，黨外先驅為了尋求民主與自由，把龍山寺廣場當作一處練兵的戰場，掀起一波又一波的民主浪潮。

牆裡的沉默菩薩與牆外吶喊的鬥士

我們沒有進入煙燻火燎的大殿，退出去在廣場上閒逛一番。廣場地板的石材，有若干切割較不整齊的部分。以前，臺灣海峽又叫「黑水溝」，風浪很大，移民用石板來壓穩船艙。到達臺灣之後，他們就把這些石板拿來舖設龍山寺前的廣場，以此追念先民九死一生、渡海而來的歷史。

這些石板，曾經壓住船艙，如今壓住人心思變的時代嗎？

我最早知道艋舺、萬華和龍山寺這些地名，不是從書本上，而是從電影《艋舺》中。《艋舺》是一部青春片，以一九八〇年代半是苦悶、半是激昂的艋舺青年的殘酷青春為主題。故事在龍山寺一帶緩緩展開，似乎與外面的世界沒有太大關聯。

電影中倒是有一處容易被觀眾忽略的小細節：有人在餐館中讀報紙，報紙上有國民黨召開十二屆三中全會和岩灣監獄發生暴動的消息。導演必定在此暗藏了個人的心思意念。正是在這個時間段中，蔣經國宣布解除戒嚴，兩岸關係緩和以及本土意識抬頭，臺灣對未來的選擇，有如艋舺遭遇的危機，暗潮洶湧，無論是衰老的獨裁者還是死守傳統的角頭，都已無法控制。

我私下裡想，電影中應該出現另一個鏡頭：在龍山寺廣場上，群情激昂的抗議民眾與士氣渙散的警察良久對峙。寺廟裏的神仙，有高堂大屋遮蔽風雨，有信男善女大筆奉獻，日子過得安樂舒適，不願邁出廟門一步；而廟外的野台，則是黨外人士自行搭建的臨時舞台，雖簡陋不堪，黨外的政治人物們站在上面慷慨激昂地對群眾發表演說，點燃了一顆顆委頓已久的人心，由此形成另一處話語中心和精神中心。

漢代佛教進入中土之後，迅速投靠皇權，成為「建制宗教」，失去了印度原始佛教中的反抗性和獨立

· 上圖：龍山寺外的廣場成為民眾集會的重要地點（取自新聞資料）

· 左下圖：黨外運動推手康寧祥，從龍山寺外的露天演講開始其政治生涯（取自新聞資料）

· 右下圖：臺灣新聞自由與獨立建國運動先驅鄭南榕多次在龍山寺廣場組織抗議活動（取自新聞資料）

性，怒目金剛、捨身飼虎的精神蕩然無存。佛教從中國移植到臺灣亦是如此，臺灣的佛教跟基督教（尤其是長老教會）大不相同，極少參與和支持民主運動。在太陽花運動中，星雲和證嚴兩個臺灣佛教的代表人物，都施施然地站在當權者一邊。

廟裡的菩薩巍然不動，山門外的世界卻如油煎鼎沸。龍山寺門口的這處公共空間，意想不到地成為黨外人士公開抗議的必到之處。

康寧祥在政壇崛起，便是從龍山寺廣場起步。一位從小便居住在龍山寺附近的朋友告訴我，以前的選舉只是用宣傳車，候選人在車上發表演講或播放錄音。直到康寧祥在萬華選市議員，才開始像搭台演布袋戲一樣採用「野台」演講的方式。

起初，黨外人士在當地的小學、市場搭台演講，立即遭到警察的禁止和驅趕。國民黨害怕公平的選舉，運用政府資源乃至國家暴力機器，迫使黨外人士消音。後來，黨外人士發現，龍山寺外的廣場是一處風水寶地，由於人潮密集、鄉鄰守望，警察在干擾時亦有所顧忌。

那個時代，民間社會勃然生長，社會運動波濤洶湧。除了黨外人士的競選，各種人權團體也將龍山寺廣場當作表達其意願和訴求的地方。一九八七年一月十日，《婦女新知》社務委員會及基督教彩虹專案負責人共同發起，在此示威遊行，抗議販賣人口及山地雛妓。此後，這一議題逐漸進入公共領域，受到公眾的關注並獲得改善。可見，龍山寺廣場像很多西方城市的中心廣場那樣，充當著政治的風暴眼和風向標的作用。

看哪，這裡有「我口說我心」的「野台」

一九七一年，第一次黨外「聯合競選」在龍山寺廣場展開。

參選人在「野台」上一一亮相，這裡就是他們的新聞演播室。野台一般只有兩到三米高，面積兩平方米左右，上面最多站兩人，沒有任何裝飾，就一個麥克風供演講者使用。

臺灣人的信心，是在「野台」上找回來的。「二二八事件」之後，本省菁英被摧殘殆盡，剩下的非聾即啞。一般的本省人深覺自己低劣，長得醜，講台語又劣下低俗，加上學校和媒體的洗腦，始終抬不起頭來。

康寧祥在回憶錄中生動地描寫了當年在「野台」演說的場景。康寧祥是土生土長的萬華人，父母開了一家餅店，小時候常常拿著家中做的餅，一邊啃一邊在龍山寺附近玩耍。一九六九年，他參選第一屆臺北市議員，成功當選；一九七二年，參選增額立法委員，也獲得民眾支持而當選。他的口才與辯才如磁石般地吸引民眾，生於斯、長於斯的他，知道萬華居民的所思所想。

康寧祥在「野台」上從龍山寺的歷史講起。當年，日軍要攻入臺北城，清朝官員跑光了，臺北士紳在龍山寺開會，商量如何組織抵抗。他又講林獻堂、蔣渭水、蔡惠如和文化協會等本省人反對日本殖民統治、爭取自由和自決的事跡。他從頭至尾都用台語演講，此前一般人以為台語為不登大雅之堂的「奴隸方言」，如今大家聽到有人用自己的語言講到祖先可歌可泣之事跡，都有豁然開朗之感。

康寧祥說到激動處，年輕人忿忿不平，老人們暗自流淚。讀過《孟子》的學生心想，居然孟子所說的「千萬人吾往矣」也可以是我們臺灣人。很多臺灣年輕知識分子的啟蒙，就是從龍山寺廣場擺設的「野台」開始的。歷史學家李筱峰回憶說：「一九七二年，當我站在臺北街頭聽康寧祥演講的時候，我第一次看到有人那麼樣赤裸裸的批判當時的蔣政權，大家聽得如癡如醉，萬人空巷，有的人聽到流眼淚。忽然間我有一種感覺：啊！臺灣出現這樣的人物，臺灣有希望了！」

如果說七十年代的龍山寺廣場是康寧祥的時代，那麼八十年代的龍山寺廣場就是鄭南榕的時代。當選議員之後，取「議會政治」而捨「街頭政治」，康寧祥被認為過於溫和而逐漸失去影響力。與此同時，

「行動的思想家」鄭南榕成為新一代的明星人物。頗具知識分子氣質的外省人鄭南榕，居然比本省人康寧祥更能號召草根階層，乃是因為鄭南榕思想的超前性和行動的果敢性。

在鄭南榕眼中，龍山寺廣場是一個善與惡、光明與黑暗對決的戰場。一九八六年五月十九日，鄭南榕發起「五一九綠色行動」，抗議戒嚴法，率領群眾到總統府前散步，隊伍被警察圍困在龍山寺廣場，民眾與警方對峙十二個小時之久。隔年一九八七年五月十九日，鄭南榕再次發起「五一九行動」，當局宛如驚弓之鳥，四處圍堵。最後，鄭南榕在《自由時代》編輯部以身殉道、焚而不毀。

在那個時代，龍山寺廣場就是臺灣的海德公園。言論自由，不是私下裡說心裡話的自由，就好像今天的中國，在每一個飯局上，都有人大講特講政治局常委會那「七個小矮人」的笑話，其中不乏「葷段子」。但在任何一個公共場合，人們仍然嫻熟地、心照不宣地使用中共設定的那套官話、假話和套話。這當然不是言論自由。真正的言論自由，是要在公共場合說心裡話，不僅罵貪官更罵皇帝，不僅要麵包更要自由。中國人爭取言論自由的道路，尚且「路漫漫其修遠兮」。

在今天的龍山寺廣場，再也見不到搖搖欲墜的「野台」，更見不到壯懷激烈的民眾。老人閒話家常，孩子追逐玩耍，還有好奇的遊客拍照留念，它重新成為一處尋常的休閒場所和旅遊景點。或許，這才是它最後的歸宿？◆

龍山寺

地址：臺北市萬華區廣州街211號
電話：02-23025162
參觀時間：無休 06:00-22:00

黃葉仍風雨，青樓自管絃

文萌樓

坐計程車穿過長長的歸綏街，映入眼簾的是狹窄的街道，兩邊的房舍滄桑而頹敗，讓人想起《紅樓夢》中的那句唱詞：「衰草枯楊，曾為歌舞場。」歸綏街沒有像迪化街那樣成為大稻埕地區復興的樣板，也許因為它曾是倚紅偎翠、歌舞昇平的風化街？

我要去的文萌樓，是一棟隱身在尋常人家之間的舊娼館。二〇〇六年，臺北市文化局指定文萌樓為市定古蹟，它成為臺灣第一座被列為古蹟的「情色場所」。公告中強調文萌樓具有三大特色：其一，文萌樓為殖民時期一九三〇至一九四〇年代店屋類型，日人移植歐洲巴洛克建築元素，覆以黃綠色國防色磁磚，建築物實質條件尚佳。其二，光復後，為公娼館所在，為城市性產業歷史記憶地區，亦是反廢娼運動中心，尤具紀念意義。其三，建築內部的室內隔間，反映出來當時性產業的空間要求，仍維持公娼館氣氛，相當完整，具見證價值。

我下車時，張榮哲已在門口等候。張榮哲長著一張孩子氣的臉，笑容滿面，熱情洋溢。他是較早關注文萌樓的研究者和社運健將，他在日日春協會的工作是志工性質，主要靠在大學裡幫教授完成研究項目維持生活。迎我進門後，我們就在客廳——也就是昔日公娼館的前台——聊了起來。

說甚麼脂正濃、粉正香，如何兩鬢又成霜？

張榮哲介紹說，在一九二〇年代，日本人根據現代都市的規劃建設臺北，這一套是從歐洲學來的，街道呈放射狀分佈，有穿透性。這一帶逐漸從稻田變成居住區，歸綏街周圍被劃為漢人風化區。文萌樓建於一九二四年前後，目前查考不到修建時的資料，但電力公司的用電記錄始於這一年。一九四一年，文萌樓成為一家公娼館。戰爭期間，人們尋歡作樂的慾望反倒異常強烈，夜夜笙歌、座無虛席，摩肩擦踵的尋芳客與跑堂、小販挑著菜箱、水果穿梭其間。

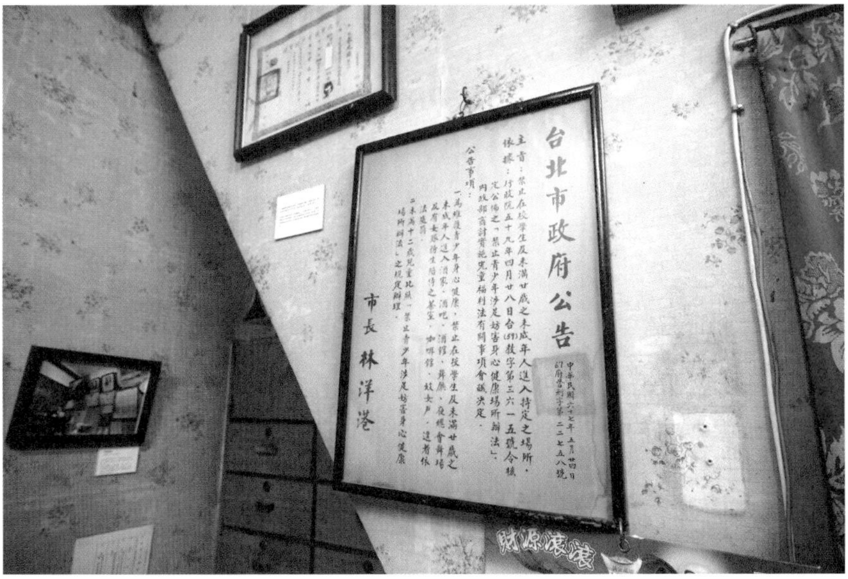

・下圖：林洋港擔任臺北市長時期頒布的相關公告

戰後，國民政府宣布廢娼，但由於性病流行和私娼嚴重，只好變相允許公娼存在，並正式將歸綏街一帶規畫為臺北兩個合法紅燈區之一。一九五六年，當局公布《臺灣省管理妓女辦法》，允許性從業者執照經營，以「寓禁於管」有條件承認合法妓女戶，希望由此取締私娼、劃定區域、輔助從良。該法規定，年滿十八歲的女性，通過健康檢查，並由父母親自到警察局蓋章，就可以申請公娼牌照。為避免疾病傳播，政府提供免費的定期體檢。最初登記的公娼約有一百多戶。

張榮哲將牆上掛著的公娼登記證書指給我看，雖紙張已泛黃，字跡和印章都還清晰可辨。文萌樓以兩層樓八個房間，申請了十六張許可證，成為一間可容納十六名公娼的合法公娼館。與附近的公娼館相比，規模不是最大，算中等偏上。牆上還掛著一張臺北市政府的公告，強調「禁止學校學生及未滿二十歲的未成年人進入此場所」，市長簽名處赫然是林洋港。

張榮哲介紹說，性產業宛如火車頭，帶來藥房、婦產科、服裝店、銀樓和飲食業的繁榮。文萌樓隔壁的住宅，原為一家銀樓，拆卸下來的銀樓牌匾還放在門口。在性產業繁盛期間，這一帶非常安全，因為人來人往，而且公娼受警察保護，出了文萌樓的後門，就是當年的警察宿舍。

我們正在聊天時，一位大約六七十歲的老阿姨從內室走出來。她穿著鮮豔的衣衫，臉上還略施粉黛，身體瘦弱。張榮哲告訴我，這位名叫小玉的阿姨，仍居住在此，是當年的公娼之一，也是少數敢於站出來維權的老人，並請她參與我們聊天。小玉阿姨坐下來講述文萌樓的故事：當年，文萌樓二十四小時營業，小姐跟老闆和警察大都保持良好關係，其收入除了老闆提成的百分之三十，其餘全部歸小姐所有。小姐的工作相對自由，可以拒絕不喜歡的客人，也可以換到另外一家公娼館工作。她指著角落的分成小格的櫃子說，每一格都寫著小姐的名字，裡面放票籤，每接一次客便可獲得一張，下班時便可兌換成現金。

我們穿過走廊入內參觀，走廊牆上有攝影家拍攝的昔日小姐們日常生活的照片，那時她們尚年輕貌美，但黑白顛倒的生活很快奪去了她們的青春。左右兩側是一間間的小房間，多數保持原狀，裡面除了一張小床和一個小櫃子，別無他物。好幾間房都沒有透光的窗戶，室內顯得昏暗侷促。公娼與嫖客的性交易通常在此完成，環境雖然簡陋，但前來消費的人大都是底層勞工，不講究舒適與否，公娼與客人之間「同是天涯淪落人，相逢何必曾相識」。若小姐或客人需要洗漱，只能到後面的天井中完成。天井旁邊設有簡便的廚房，姊妹們可以利用爐灶做點簡單的食物填飽肚子。另外有幾個房間被改為辦公室、展覽室和仍在使用的普通按摩室。這裡連冷氣都沒有安裝，張榮哲說，日日春協會的志工們在此辦公時，個個揮汗如雨。

沒有日日春，文萌樓就沒有生命力

講到文萌樓的故事，當然離不開日日春協會。連臺北市文化局都承認，「文萌樓沒有日日春就沒有生命力」。日日春協會是於一九九七公娼抗爭後成立的妓權團體，旨在爭取性工作除罪化、保障性工作者人權，及去性道德污名。

一九九七年，在臺北市議會和市長陳水扁的政黨鬥爭過程中，臺北市政府通過一項閃電廢娼決議。萬華和大同區共有十八家公娼館、一百二十八名公娼起身抗爭，成立「臺北市公娼自救會」，文萌樓是其中小姐人數最多、抗爭最積極的一家店。團隊抗爭策略會議、動態訊息的交換、公娼嫖客故事的出土、接受國內外媒體記者採訪，都作為抗爭總部的文萌樓一一上演。玫瑰在此吞藥自盡、官姊跳海自殺……她們悲慘的人生故事，一度躍上媒體的重要版面。

小玉阿姨講述了當年一班姊妹參與公娼抗爭運動的過程。一開始，她們不敢以真面目示人，走上街頭時都戴上一種可以將臉部蒙得嚴嚴實實的「公娼帽」，後來才敢於公開露面。在一年零七個月裡，她們

· 上圖：歷年抗爭活動與媒體相關報導

· 下圖：沒有日日春，文萌樓就沒有生命力做了三百多場活動。最初是她們怕警察，後來警察看到她們反倒退避三舍。

張榮哲從二〇〇〇年介入公娼抗爭運動，此後除了出國深造那幾年，一直不棄不離地參與日日春協會的工作。他告訴我，性產業中有明顯的階級差異，文萌樓一帶的公娼，服務對象大都是勞工階層，雙方都沒有社會地位和話語權。那些道貌岸然的官員、議員和警官，便先拿在社會底層掙扎求生存的公娼以及處境更差的流鶯開刀。他們卻不敢觸動五星級酒店和私人俱樂部的那些高端性產業。這是何其的偽善。

在二〇〇一年廢娼緩衝期滿後，合法公娼館正式走入歷史，「臺北市公娼自救會」轉型為「日日春關懷互助協會」。該協會向臺北市文化局提出「保留江山樓公娼區為市定古蹟」提案書，「希望能透過性產業空間的指定，見證變遷中性工作者的生活史，保留臺灣本土娼妓文化中的庶民生活經驗」。臺北市文化局於二〇〇六年公告指定「歸綏街文萌樓」為市定古蹟。

剛才在門口跟張榮哲打招呼的中年男子，是雙連里的里長，也是最反對保存文萌樓的人之一。張榮哲說，除了背後的利益取向之外，這位里長還說，文萌樓是歸綏街歷史中不好的部分，不要宣揚。臺北文化局的一名主秘，亦持相似的看法：「臺北的文化古蹟很多，不缺這一間。」張榮哲反駁說，歷史有美的部分，也有不美的部分；有高官顯貴的歷史，也有辛苦人的歷史。為什麼後者就不能被保存和珍惜呢？如果將某些人不喜歡的地方全部拆除，這座城市還能剩下些什麼？在保護文化古蹟方面，全世界都在進步，澳門政府保留了一片昔日的風化區，為什麼臺灣做不到呢？若是像西門町的一些地方，老房子拆掉後，在地上留一塊牌子來紀念，還有什麼價值呢？

文萌樓是一處充滿歧異性和挑戰性的文化資產，也是「正在行動中」的文化資產。常常有各色人等前來參觀，有一次，新竹一間小學的老師帶著學生來上歷史課，老師用心講解，孩子們好奇地傾聽，爸爸媽媽也跟著學習。他們這才知道，同一塊土地上，存在著這樣的人群和這樣的歷史。你可以質疑或批判，但你不能掩蓋和否認其存在。

歷史文化的保存，如陳年老窨一樣越久越香，人們需要在老房子裡思考這座城市的過去和將來，以及它的公共價值、共同記憶，正如學者黃舒楣所說：「文萌樓這類古蹟的特殊之處是它見證『眼前過去（recent past）』，而我們決定要如何談論、保存這『眼前過去』，立即會影響當下社會生活。」我個人並不贊同性產業的合法化，但我看重文萌樓作為「底層歷史」的文化資產的價值，它讓人們看見並理解底層生活的狀貌，從而打破階級、性別、族群之藩籬，將「他者」之經驗轉化為「自身」之經驗。

在權力與資本的陰影下，文萌樓會倒下嗎？

文萌樓被列入市級古蹟，並不意味著它就穩如泰山，以及日日春協會的工作就可告一段落。反之，一場更艱鉅的戰役擺在張榮哲和同仁們面前。

讓日日春協會猝不及防的是，一名專營「容積買賣」的投資客突然買下文萌樓房屋的產權。然後，業主狀告作為租客的日日春協會侵佔其私有財產，要用司法的力量將日日春協會驅趕出去，然後讓該房產變成黃金萬兩。

古蹟能「容積移轉」的政策，原意是為了保存古蹟。容積移轉是以移轉開發權為手段，讓古蹟所有人得到適當補償，以此為誘因，使所有人願意保存珍貴的文化資產。在都市更新的相關法規裡，針對古蹟修復，以及將古蹟做為公共設施捐贈，或者其它有公共利益的事項，都有相當的容積獎勵規定。然而，這些年，所有這些原本立意良善的政策工具統統變質，成為投資客炒作的漏洞。

一開始，張榮哲摸不清投資客和建築商的算盤，為了弄清幕後的真相，他甚至轉換人生軌道，考取台大城鄉所博士。讀了汗牛充棟的資料文獻之後，他才驚訝地發現權力與資本的黑手是如何偷天換日的。

打破都更黑箱
爭取直接民主
千人連署提案，奪回屬於我們的古蹟・文萌樓！
台北市大同區歸綏街　古蹟文萌樓
【要有味道的古蹟　不要房地產投機】

・上圖：爭取性工作者權益的先鋒官秀琴，後來不堪經濟和精神壓力投海自盡

・下圖：日日春協會製作的保護古蹟文萌樓的文宣圖片（取自新聞資料）

容積獎勵只是文萌樓彈丸之地的土地相關利益之一小部份：二十六坪的土地可以創造四億的房地產價值，而整個都更案更創造高達九十億的財富，其中建商至少預期獲利十五億。文萌樓不幸成為投機客林麗萍與建商討價還價的棋子，他們眼裡只有房地產，沒有文化資產。

深究起來，建商只不過是這場迫遷暴政的馬前卒，真正的幕後黑手是國家機器跟金融機構。文萌樓的土地所有者是台銀，台銀的土地大部分是接收日本人留下的「敵產」。台銀是官股銀行，董事長是政府派的，台銀的土地是公有土地。但台銀在「公司化」之後，漸漸脫離社會監督。它以「配合都更」的名義，持續將土地賣給建商，台銀土地成了都更基地的提款機。用張榮哲的話來說，這簡直就是「空中印鈔機」。表面上看是一筆無本生意，受害的卻是普羅大眾：政府和財團共同打造的房地產泡沫越吹越大，致使許多地方淪為「鬼城」；另一方面，需要住房的人，卻永遠買不起房。每一個都更案，結果都是租客搬家、窮人外遷，無權無勢的人們被丟到貧民區自生自滅。

具體到文萌樓的抗爭，先後經過陳水扁、馬英九、郝龍斌以及柯文哲四任市長。張榮哲說，這場抗爭與藍綠無關，無論藍綠政客當政，都未能解決此問題。即便是號稱白色力量的柯文哲執掌的市政府，也未必能衝破盤根錯節的政商關係——柯文哲任命的文化局長倪重華在文萌樓的問題上就缺乏應有的擔當，跟當年的虛榮浮誇的龍應台相差無幾。

張榮哲講到這裡，我不禁驚呼，彼岸中國的共產黨政權也是巧取豪奪，甚至更加蠻橫殘暴，政府直接唆使黑幫恐嚇房主，開來怪手，推倒房舍，活生生地壓死拒不搬遷的「釘子戶」居民。

起身告辭時，「文萌樓會倒下嗎？」這個問題仍然縈繞在心頭。當我看到門口擺放的日日春執行長鍾君竺競選大同區議員和秘書吳若瑩競選雙連里長的資料時，稍稍放心一點：這兩位三十出頭、台大畢業、學識與勇氣都讓人肅然起敬的年輕女子，不正代表著獻身於社會公義事業、長江後浪推前浪的世代嗎？她們將是吸血鬼般的政商聯盟的剋星，讓我們為她們加油。◆

文萌樓

地址：臺北市大同區歸綏街139號
電話：02-2553-6341 / 02-2553-2067
參觀時間：每週一至週五
12:00-19:00（每週末休館）

城市叢林裡的柔軟與堅硬

永康街

臺北在現代化道路上高歌猛進，高樓林立、車水馬龍，卻還是留下不少適於漫步的街道。當都市日漸被鋼筋水泥、摩天大廈塞滿之際，永康街一帶堪稱鋼鐵都市裡最具詩情畫意的角落。永康街以及附近的金華街、溫州街、青田街、泰順街一帶，是日治時期精心營造的一處尊貴地區，這裡集中了一批日本文官宿舍，由此奠定了濃郁的人文氣息。

最早知道永康街的名字，是從幾米的漫畫《向左走，向右走》中，有一段話深深打動我：「迷宮般的城市，總有種莫名的寂寞。你永遠不知道，你會錯過什麼。各種關於追尋的巧合和錯過，編織著城市叢林裡的憂鬱和柔軟。」彷彿，住在永康街或行走在永康街的每一個男子與女子，都是漫畫中的小人物，懷著夢想，匆匆又匆匆；帶著希望，離開又歸來。

秋惠文庫：臺灣本土文藝品的寶庫

從捷運站出來，一不留心便會在招牌林立中錯過永康街的第一個私房景點，我相信去過永康街的遊客十有八九都沒有去過這間私人博物館——名為秋惠文庫的「臺灣歷史文物咖啡館」。

秋惠文庫是林於昉醫師為紀念父親林秋江與母親陳淑惠而成立。它是一間咖啡館，在老診所的樓梯轉角拾級而上，與擾攘市街從容錯身，進入其中，外面的紅塵滾滾頓時消失得無影無蹤；它也是一間袖珍博物館，在不停向前滾動的時光中駐足，曖曖含光，每一件藏品都指向「我是誰」的答案。

林於昉醫師表示，常有外國友人抱怨「來台旅遊，很難找得到臺灣本土文藝品」。他由此產生了將私人收藏匯集為「秋惠文庫」，與民眾分享的想法。文庫裡收藏的歷史文物，包括史料文獻、民俗藝品、真跡字畫，乃至工商百業的傳統文物，藉此展現臺灣歷經荷蘭、南鄭、清廷、日本，乃至國民政府遷台等各個時期的多元文化樣貌。

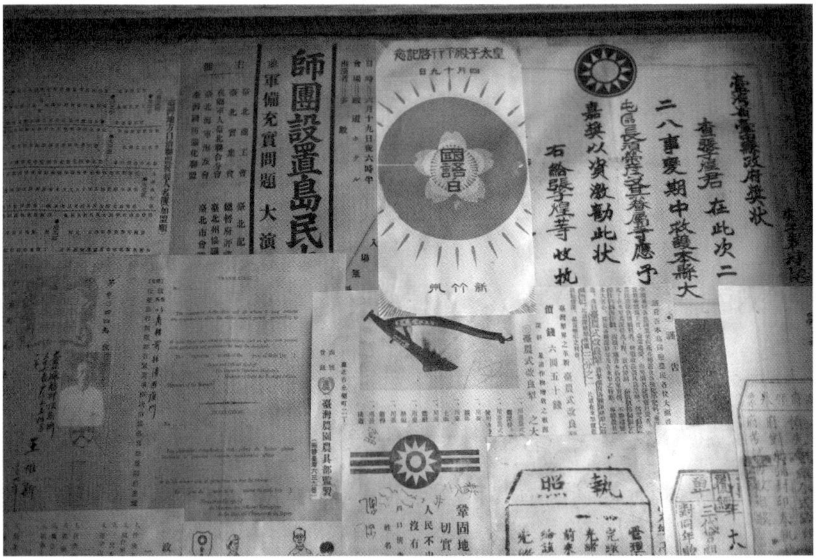

· 上圖：收藏臺灣各時期各式文物的秋惠文庫

· 下圖：秋惠文庫的藏品

林醫師說：「故宮的東西當然很重要，但那樣的國寶和臺灣的關係是什麼？」故宮裏的珍寶，是中國統治者獨自把玩的禁臠；而秋惠文庫中的展品，則是臺灣平民百姓鮮活的生命與記憶。在展出的文字資料裡，有戒嚴時期統治者的祕密裁決，有訴說著原住民土地流失過程的民間契約，比歷史課本上僵硬的陳述更能吸引人們的好奇心。

在牆上的鏡框中，我赫然發現一份民國七十四（西元一九八五）年的政府文宣材料：「今天我們不能做一個為自由而奮戰的鬥士，明天我們就會淪為漂流海上的難民。」旁邊配有越南船民驚懼萬分的圖片，讓人怵目驚心。然而，當年實行威權統治的國民黨，偏偏將自由戰士關進黑牢，有什麼資格標榜「自由」二字？如今向彼岸的共產黨政權低眉順首的國民黨高官顯貴，又如何面對上一代人「反共抗俄」的決絕？共產黨的本質沒有變化，國民黨的意識形態卻已破碎成一地雞毛。

在秋惠文庫的藏品中，更有一份戒嚴時期國民黨產業黨部的會議記錄。記錄中提到某公司有位員工因信仰一貫道而被解雇，密告者獲得六百元獎金。文件上有許多重要人士的簽名，他們不顧受害者失去工作、家庭陷入困境的境遇，瀟灑地簽上名字，以博取上層之賞識。他們以為無人知道暗地裡的惡行，殊不知這份文件成為鐵的證據，並等到了曝光之日。這些人簽完名後，回到家中，心安理得地充當好父親、好丈夫，彬彬有禮、溫文爾雅，他們就是漢娜．鄂蘭所說的「平庸之惡」。專制制度最可恨之處，就在於惡化乃至毒化社會的整體氛圍和人際關係，人與人之間不能有信任、同情和關愛，惟有猜忌、防範和隔絕。這種心靈與精神的汙染，並不會迅速隨著政黨論題和制度更迭而變化，甚至需要幾代人的努力才能消除。

看完「秋惠文庫」，如果你饑腸轆轆，永康街上天南地北的美食，足以讓你大快朵頤。大名鼎鼎的永康街牛肉麵，曾是榕樹下的一個流動攤位，如今登堂入室，惟有香濃的湯頭不變；已成為傳奇的鼎泰豐小籠包子，在北京堪稱天價，在永康街卻保持平民價格，每天排號者絡繹不絕，我還利用等位的間隙到旁邊的金石堂書店買了好幾本書；專門經營宜蘭菜的呂桑食堂和喫飯食堂，彷彿把宜蘭平原青山綠水的味道搬過來，自然是我的最愛。永康街還是芒果冰的誕生地，芒果冰是兒子的最愛。當年，坐困愁城的冰店老闆孤注一擲的味覺實驗，創造出一個新的飲食潮流。

而讓妻子流連忘返的，則是每一間都別有旨趣的咖啡館：咖啡小自由、小白咖啡、公園裡咖啡館、這宅咖啡、鴉埠咖啡……即便連續一個月、每天去一家咖啡館，都不會有重複。作家唐諾常在一家二樓咖啡館寫作，戲稱「不用手機不用網絡的原始人」。小說家駱以軍也喜歡去咖啡館吞雲吐霧，寫小說。以「閒晃」為人生哲學的舒國治，其晃晃悠悠的身影更是永康街上一道迷人的風景。

更讓我神往的，是半個世紀之前巷子裡或健步如飛、或慢條斯理的名士們的身影。永康街附近大大小小的巷子，是臺灣文化和知識密度最高的地方，學富五車、傲骨嶙峋的作家、教授們在此比鄰而居、蘭亭雅集。激越如嵇康、阮籍的殷海光，絲毫不把巷口的便衣特務放在眼裡，要麼在家中大聲咒罵蔣介石，要麼大步流星地在巷子裡散步。我在空氣中捕捉他們的聲音和神采，這個時代依然需要他們的智慧與勇氣。

樹猶如此，人何以堪：女孩與樹的故事

永康街一帶最有特色的，不僅是一棟棟風韻猶存的日式房舍，更是比房舍更密集的大樹群落。青田街的老住戶、作家亮軒感嘆說，只要有一棟大樓興建起來，必然有許多大樹會倒下去。最初，這一帶的老院子，每一家最保守地估計，也會有十棵大樹。後來，每造一棟水泥大樓，至少就有十棵大樹倒下。那麼，這些年來倒下的大樹，實在是數不勝數。也許有些人覺得這一帶的自然景觀還不錯，但「要是體驗過從前在這裡的生活，可能難過得快要哭出來。」

牛肉麵
永康牛肉麵
Since 1963
永康牛肉麵
YONG-KANG BEEF NOODLE
2F
雅座

呂桑
專線:2351-3323
宜蘭辦桌
4000

永康街
芒果冰
Mango
Snowflake
Ice

哪裡有樹，哪裡就有歷史，哪裡就有夢想。樹不是人的奴隸，人不是樹的主人。樹是上帝賜予人類的最好朋友，人與樹需要在這個世界上和諧共生。德國神學家潘霍華說過：「藉著上帝的良善，我們共同的生活像一棵樹一樣，必須從最深的根部安靜、隱匿、強壯而又自在的成長。」如樹一樣的人生，是豐盛而美好的。可惜，總有那麼一些心思邪惡、貪得無厭的人，將樹當作升官發財的敵人，恨不得砍掉所有的樹，全都蓋上高樓大廈。於是，愛樹的人和仇樹的人，常常發生矛盾與衝突。臺灣不僅有綠黨，還有「樹黨」——若我是臺灣人，願意加入的政黨，或許就是兩袖清風的「樹黨」。

古語說，「宰相肚裡能撐船」；然而，那些貪官巨賈的心卻比芥菜籽還小。在臺北大巨蛋建設初期，建商遠雄集團將松山菸廠舊址的八百九十四棵老樹全部移植，不久即有近五成確認死亡。他們還要繼續砍樹，而且拿到了政府頒發的「砍樹執照」。面對護樹社團及社會各界的置疑，急功近利的遠雄董事長趙藤雄表示，這些樹很醜，砍了不可惜。我忍不住要用一句話來反駁這個人：每一棵樹都很美，惟有你的貪婪之心和「相由心生」的外貌才是這個世界上最醜陋的東西。

在美國，我看慣了大得可以跑馬的森林公園，是樹木包圍著城市，而不是城市包圍著樹木；到了臺灣，我常常發現，很多公園比我家後院大不了多少。不過，袖珍版本的小公園，麻雀雖小，五臟俱全。在臺北的幾大商圈中，永康街是樹最多的一個。而永康街的樹最集中的地方，就是永康公園。這天，我們逛累了，吃飽喝足了，便在公園的長椅上觀看熙來攘往的人群，兒子在一旁玩那百玩不厭的溜滑梯。

這個小巧玲瓏的街心公園，據說是臺灣第一個由市民自行集資興建的社區公園。當年，公園的中心位置是一尊蔣介石像，如今它已被移到公園的角落——要是再移送到桃園那個蔣氏塑像公園，就更圓滿了。

如果說永康公園是永康街的肺，那麼這一群婀娜多姿的榕樹就是永康街的魂。有多少人知道，這群本來要被連根斬斷的榕樹，是被二十出頭的女大學生陳歆怡和一群媽媽拯救下來的？

· 上圖：永康公園裡兒子百玩不厭的溜滑梯

· 下圖：每一間都別有旨趣的咖啡館

一九九五年，臺北市政府原本要打通從永康街斜出延伸至金華公園的計畫道路，如此一來，將有五十多株老樹被迫犧牲，永康公園的綠地將減少五分之二。

高高在上的官僚們，心中所想的是看得見的政績，不在乎樹的生死存亡。但在永康街居民心中，這些榕樹不僅是社區的景觀，更是生命中不可或缺的朋友。

一九九五年六月，初夏的一個午後，住在永康街的陳歆怡順著每天必經之路回家，穿過走了數千次的社區公園。突然，一塊新豎立的告示板讓她目瞪口呆：為了開闢新路，大半的公園將被拆除。她急忙跑至里長處詢問，回答是，新道路的興建計畫早經公告，並無異議，現在決策已定，不可能再改變。

陳歆怡不為所懼，展開了螳臂當車的計劃：第一步是找了一些同學，到公園附近散發傳單，並作街頭演講，希望收集足夠的反對拆除公園的連署簽名。六天後，這個倉促成立的工作團體，得到五百多位居民的連署支持，並在當天召開社區說明會，邀請當時的都市發展局局長張景森與會。經過居民持續的抗爭，臺北市政府放棄了推倒公園開闢新路的計畫，榕樹們死裏逃生。

一棵樹，如果生活在中國，可就沒有那麼好運了。在共產黨治下的南京，國民政府建都時代栽種的法國梧桐，倒在市長季建業拓寬馬路、開發地產的雄心壯志之下。民間發起的保護樹木的活動，遭到官府強力打壓。當季建業因腐敗垮台、被「當代錦衣衛」中紀委押解到北京之時，他會為被他屠殺的樹木而感到內疚嗎？他不會，他只會感嘆自己「運氣不好」。

「五餅二魚」的生命共同體

臺北有不少值得細心品味的社區，如民生社區。而我對永康街社區的關切，是因為它在共同的歷史、文化及自然環境的基礎上，逐漸建構出「生命共同體」的概念。城市的社區或鄉村的聚落，是地方自治最基層的細胞。一個國家民主的成熟與穩定，不是看選舉時有多麼熱鬧，不是看國家元首怎樣巧舌如簧，不是看國會裡的議員如何唇槍舌劍，而是看民間最小的生命共同體，如何捍衛與呵護其生活方式、歷史記憶與共同價值。如果沒有無數個這樣的生命共同體，上層的民主體制永遠只是空中樓閣，無法應對「威權回潮」的態勢，或者「進化了的獨裁者」的暴力與謊言。

所以，對我來說，觀察臺灣民主化的歷程，梳理永康街社區的故事，比閱讀那些翻手為雲、覆手為雨的政客們的傳記更加真切。在今天的中國，中共當局將公民自發的環保運動和社區維權看作是高度危險的不穩定因素，一定要將其扼殺在搖籃之中；而在李登輝執政時代、民主化剛剛啟動的臺灣，環保運動和社區自救運動互相激盪，成為政治抗爭之外的第二戰線。那時，上有李登輝提倡的「生命共同體」的概念，下有民間回應的「日常民主」和「地方照顧」的實踐，臺灣民主化自上而下和自下而上的兩條路徑彼此激盪、奔流不止。

就永康街的公民運動而言，女大學生陳歆怡是先驅者，緊接著社區裡面的媽媽們也爭先恐後地行動起來。保護榕樹和公園的行動成功以後，永康街的社區維權和社區自治激流勇進——從「永康公園之友」到「永康社區發展協會」，從「老人與智障者之關懷工作」到「大永康商圈文化協進會」，各種民間社團如雨後春筍般出現，爭取民主先從爭取社區自治做起的觀念，如同潤物細無聲的春雨融入這片土地。那幾年，永康街突然躍上報紙的顯要版面，庶民與政府及財團對峙的結果，成為觀察臺灣民主深化的重要指標。

就在我此刻悠閒地曬著午後陽光的地方，一九九五年十月，永康街社群的媽媽們種下七里香、鵝掌藤、非洲鳳仙花、彩葉草等花草的幼苗——一群平日最沒有力量、最不關心政治的「媽媽黨」，成了社群建造的主力軍。她們不是學院裡研究權利理論的知識階層，卻是社區裡權利意識「春江水暖鴨先知的群體」。捷克前總統、劇作家也是人權鬥士的哈維爾所說的「無權者的權力」，一旦迸發出來，其力量讓人刮目相看。

社會學者莊雅仲用「五餅二魚」作為研究永康街社區運動的論文題目。永康街有一家名為「五餅二魚」咖啡簡餐店，店名來自於《聖經》中耶穌用五塊餅與二條魚餵飽眾人的典故。莊雅仲寫道：「這位用心的店主想要傳遞的分享分食的共同生活精神，構成了自二十世紀九〇年代中期以來臺北都市生活的主流意識。」是的，「五餅二魚」的生命共同體，不單是永康街居民的生存方式，更應當是每個城市、每一條街道的居民自治自救、彼此守望的美好願景。◆

水牛書店
視障按摩
週一～週五 13:00～22:00
週六～週日 11:00～22:00
(含國定假日)
全身 60min 1100
会員價 968元
半身 30min 550
会員價 484元
腳底 30min 550
会員價 484元

我們都是快樂的水牛

水牛書店

二〇一三年訪問臺灣時，我第一次在飯局上見到羅文嘉，沒有想到這位在政壇摸爬滾打多年的野百合學運領袖，看上去仍然是翩翩少年人的模樣。

上世紀一九八〇、九〇年代之交，臺灣民主化狂飆突進，正在臺灣大學政治系唸書的羅文嘉，成為學生運動的積極分子，於一九八八年當選台大第一屆學生會長。他率先衝破體制、參與校園和社會的改革，也曾遭到校方的懲戒處分。

此後，羅文嘉步入政壇，擔任陳水扁的國會助理。陳水扁打贏臺北市長的選戰之後，二十八歲的羅文嘉出任市府發言人和新聞處長，成為當時最年輕的政務官。後來，羅文嘉以臺北市第一高票當選立委，揭發弊案，推動改革和陽光法案，更被民間團體和國會記者評選為「第一名的立委」。

公元二〇〇〇年，政黨輪替，陳水扁入主總統府，羅文嘉做過文建會副主委、客家委員會主委等要職。但他很快發現，作為總統的陳水扁，漸漸變得跟作為臺北市長的陳水扁判若兩人。權力對人的扭曲和腐蝕，超乎人的想像。「以前太天真，以為打倒國民黨，改革就成功，以為臺灣只要本土化、民主化，所有問題都能迎刃而解。」短短幾年間，羅文嘉經歷了純真、世故和幻滅，「當初推翻的是一個敵人，但之後才發現，原來該推翻的是背後的結構」。

於是，羅文嘉毅然辭職並公開批評陳水扁。一夜之間，炙手可熱的政治金童淪為群起而攻之的「叛徒」。

我與水牛出版社的緣分

一扇門關閉，另一扇門開啟。

那一天酒足飯飽之後，羅文嘉遞給我的名片上的頭銜是水牛出版社社長。

看到「水牛」二字，頓時勾起幾多大學時代的回憶。十多年前，我在北大圖書館港台文獻中心如獲至寶地找尋外面看不到的「禁書」，發現台版書中有不少好書是水牛出版的。

從那時起，我就對水牛在臺灣文化啟蒙運動中的地位有了些許了解：一九六六年，臺灣師範大學公民訓育學系畢業的彭誠晃，放棄士林初級中學的教職，創辦水牛出版社，以出版文學、哲學領域書籍為特色。王尚義的「野鴿子的黃昏」、黃春明的「兒子的大玩偶」、雲門舞集創辦人林懷民的處女作「變形虹」，都是由水牛推出的。在文星書店與仙人掌出版社相繼倒閉之後，水牛成了七十年代出版業中專注出版人文讀物的中流砥柱，對臺灣的文化啟蒙與反對運動有著深遠影響。

九〇年代以來，水牛沉寂了許久，人們談起它來彷彿是上個世代的傳奇。二〇一二年六月，彭誠晃邀請羅文嘉接手經營，羅文嘉考慮了兩星期後決定接手，成為第二任社長。如今，從臺灣到全球，傳統出版業在網路資訊自由流通的衝擊下節節敗退。有人開玩笑說，你想要別人破產，就找他投資出版。那麼，為什麼羅文嘉要知難而上、投身出版業呢？這是飛蛾撲火，還是明知山有虎，偏向虎山行？

羅文嘉不是老於世故的政客，他身上保留著熱血沸騰的學運先鋒的氣質。對於出版業，他並不如此悲觀。文化產業總不會比政治更危險吧？念政治出身的羅文嘉，從年輕搞學運就浸泡在政治圈，比起我這樣的圈外人來，對政治的陰暗面和人心的幽微有更深切的體驗：「政治的核心是權力，想做更多事，就必須取得更多權力。我曾經以為擁有夠多權力，就能夠做更多事，實現更高的理想。可是我們都忘了估算取得權力的成本有多高，用商業的角度來看，大收入不等於大利潤。」既然當年他不忌諱政治的骯髒，今天更不會畏懼似乎很難發大財的出版業。

幾個月後，我完成新書《流亡者的書架：認識中國的五十本書》，抱著試一試的想法，給羅文嘉發去一封電郵，問水牛是否願意出版這本書。很快，羅文嘉回信說，水牛願意出版這本書。從水牛的讀者變成水牛的作者，於我而言，是一種值得期待的、巧妙而愉悅的身分轉換。

· 身兼出版人、農夫與書店老闆的羅文嘉

二〇一三年八月，水牛出版社重返臺灣出版市場，首先發行的兩本書，一本是新版的殷海光名著《思想與方法》，一本就是我的《流亡者的書架：認識中國的五十本書》。何其榮幸，我的新作居然與殷海光的經典名著並列，若非水牛，豈能有這種神奇的機遇？

很快，我就收到樣書，大氣的開本、雅致的封面、精美的版式，每一處都讓我愛不釋手。這些年來，我在中國、香港和臺灣出版了四十多本書，就數這一本最漂亮。看來，羅文嘉確實是一名完美主義者，如果要做一件事，必定要做到最好。

新書和新書店，麵包和麵包房

二〇一四年春，我再來臺灣時，瑞安街的水牛書店開張了。十五年前，我一炮而紅、影響六四後一代青年人的處女作《火與冰》，也剛由水牛推出繁體字修訂版。順理成章地，《火與冰》的新書發表會，就在水牛書店舉行。

水牛書店不僅是一家書店，也是一家出版社。前面是書店，後面是出版社。出版社的產品誕生後，立即可以擺在書店的書架上，就如同麵包店的麵包新鮮出爐後，立即擺放到貨架上一般。

那天，羅文嘉是主持人，我是主講人，王丹是對談人，兩位比我年長的大哥看上去卻比我更年輕。我一開頭就說，我一直很羨慕羅文嘉和王丹，羅文嘉趕上野百合學運，王丹趕上八九學運，雖然學運改變了他們的人生軌跡，但青春畢竟在那最珍貴的時間節點上，燃燒和閃爍過。而我的青春時代囿於死水微瀾的大環境，只能轉化為文字，在筆下汩汩流淌，最終彙集成這本《火與冰》。

羅文嘉曾是一名勇猛的街頭戰士，言談中，他隨手拈來一段充滿戲劇性的經歷：一九九一年十月九日，抗議群眾結集起來舉行「反閱兵」抗爭，警方動用催淚瓦斯對付抗議群眾。積極參與街頭運動的林宗正牧師遭到霹靂小組圍毆，不支倒地。當林宗正被抬到中山派出所時，現場指揮之一的羅文嘉已被警方抓進來。羅文嘉看到林宗正也被警方抓來時，就向林宗正說：「牧師，他（警察）打我。」林宗正尚未開口，警察就替他答腔：「牧師都被打了，何況是你……」在那威權迴光返照的時代，如果沒有承受過警察的暴力，似乎就不配自稱為反抗者。

那天，在小小的水牛書店內，擠進差不多一百位讀者，有臺灣的大學生，有聞訊而來的自由行的陸客，有出版界和新聞界的前輩。《火與冰》這本書曾陪伴整整一代人走過白衣飄飄的歲月，如今它又像蒲公英一樣飄到臺灣，或許能給太陽花之後的臺灣年輕人帶來幾許思想的撞擊和震盪？

兩個月以後，我再次來到水牛書店，這一次是我的「獨裁者三部曲」（也就是《中國影帝溫家寶》、《河蟹大帝胡錦濤》和《中國教父習近平》三本新書）臺灣版的座談會。對談者有民進黨前輩姚嘉文、太陽花運動的重要推手黃國昌以及政治學者葉浩。

此時此刻，我們異口同聲地向海峽那邊的邪惡帝國說：「雖然你很大，但我們不怕！」如果在中國，這些著作不可能公開出版；如果在中國，更不可能有水牛書店這樣的公共空間供人們暢所欲言；如果在中國，我們還沒有開口，秘密警察就蜂擁而至，聽眾頓時作鳥獸散。此時此刻，我由衷地體驗到，新聞出版自由、言論自由、集會和結社的自由，是何其重要，是民眾生活質量指數中不可或缺的部分。我在發言中特別期盼臺灣的朋友們珍惜來之不易的自由，警惕那些企圖將自由奪走的黑暗勢力。

在臺灣訪問期間，一有空閒，我便到水牛書店喝咖啡、寫作、讀書或約朋友聊天。我到水牛書店的次數，遠遠多於到誠品的次數。誠品很大，水牛很小——但誠品為了開拓中國市場，看北京的臉色篩選書籍；而水牛對本土意識和民主價值的堅持，反而因為小而無欲則剛。我喜歡水牛溫馨如家的感覺，尤其是那張巨大的木質書桌，可以容納十多個人併排閱讀——如羅文嘉所說，水牛書店最重要且和其他書店的不同，是讓民眾在選書、翻書過程中，體驗到和人、空間、活動等對話的「溫度」。

・上圖：余杰與鴻鴻在水牛書店對談（照片由作者提供）

・下圖：水牛書店中陳列余杰的多本著作（照片由作者提供）

一個書店就是一個夢想

我的夢想也是開一家書店，可惜我只能躺在床上做夢，不能像羅文嘉那樣起而行，將夢想變成現實。羅文嘉說，水牛書店還有更加複雜和豐富的面向，就是「書店＋小農＋餐飲＋按摩」。雖然只有五十坪的店面，卻結合「我愛你學田市集」，為民眾按摩服務、咖啡、餐飲和農產品販售等。

羅文嘉認為，「書店內不能只賣書」，而要提供綜合的、立體的服務。「把臺北分店當作銷售點，每周末我們會從鄉下載一車有機農產品上來賣，再把臺北民眾的捐書載回新屋書店。」以此達成城鄉共生目的。「種稻是生產有機糧食，出版是生產精神糧食。都是有營養、有價值的事。」

從萬眾矚目的政治場域退下來，羅文嘉變身為出版人、農夫和書店老闆，但他並不認為自己是生意人。如果單單為了賺錢，動用以前從政時的人脈和資源，肯定還有更好的路子。羅文嘉說，如今是在做「社會企業」，這是一個新興領域，結合傳統企業（書店）的競爭，與社會公益（造就小眾和弱勢價值）的創造，運用經營書店和販賣綠色農產品等商業手段，使組織能自給自足、永續發展，達到組織參與社會與環境的影響力的目標。

羅文嘉坦言自己是喜歡動手做內容的人，畫家的材料是顏料，作家的材料是文字，政治人物的材料是人脈與權力，只不過政治的結果太難預料。「以前我是做資源分配的人，從上層改變下層，但是現在我知道，臺灣需要更多做內容的人，只有在內容上突破，臺灣才能更有競爭優勢。」如果說以前是指點江山、眼高手低，如今就是腳踏實地、篳路藍縷。

在槍林彈雨的政治前線，羅文嘉沒有實現大學時代改造社會、翻轉人心的夢想，反倒是在一間小小的書店裡，他重新找回一度迷失的自我。他對於今昔對比看得很清楚，過去的痛苦來自「每天都想改變別人」，現在只專注眼前事「稻米的產量、書店的營運」。而無意間創造社會企業領域，只想為自己和社會尋一個公平的夢。人的夢想不必太大，不必驚天動地，不必改變世界，一間書店就是一個夢想。由此，老牌的出版社與嶄新的書店，文化與商業，理想與現實，就這樣天衣無縫地結合在一起。

現在的臺灣看起來很紛亂，人心浮躁，經濟停滯，政治混沌，教育退步，由「四小龍」的龍頭跌到了尾巴。但羅文嘉沒有灰心：「就像去花東騎單車，我騎得最慢，但輪子總是往前滾的，只要不放棄，一定會到達目的地。不要因為現在混亂，就不把事情做好；事情做好了，社會就不會更壞。」在喧囂的日常生活中，水牛書店就好像一個寧靜的港灣，讓愛讀書和愛思考的人們在此詩意地棲居、充電，然後再度揚帆出海。

羅文嘉並不屬牛，卻以水牛自居：「當一頭水牛，只要辛勤耕種一百二十天，就有稻米可以收成；但是當政治人物，卻永遠無法預料收成。」我呢，恰恰屬牛，天生就是辛苦耕耘的命——我是在紙上耕耘，爬不完的格子，宛如走不盡的田野。以《水牛神學》一書聞名全世界的日本神學家小山晃佑，曾表示他的思想受臺灣神學家黃彰輝「境況化神學」也就是「水牛神學」的影響。水牛不就是吃苦耐勞、不屈不撓的臺灣人的象徵嗎？

於是，我把水牛出版社的牛頭標誌銘刻在心靈深處。耕田很辛苦，也很快樂，願與文嘉兄共勉。◆

水牛書店

地址：臺北市大安區瑞安街222巷2號
電話：02-27077003
參觀時間：每週一至五 12:30-21:30
每週六、日 10:00-22:00

螞蟻與龍的戰爭

圓山大飯店

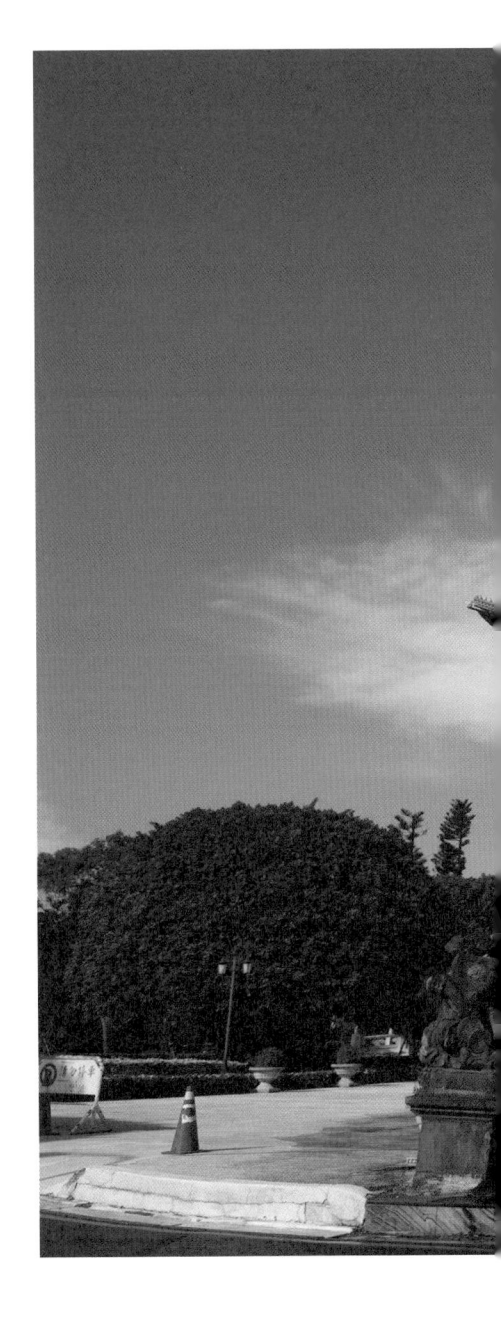

第一次到臺灣時，友人帶我去圓山大飯店的松鶴餐廳品嘗小吃。小吃味道不錯，我卻不喜歡圓山大飯店那中國宮殿式的建築風格。大廳金碧輝煌，宛如紫禁城的太和殿，色彩之強烈濃豔猶有過之。在建築裝飾中採用相當多的龍形雕刻，故而有人稱之為「龍宮」。確實，圓山飯店如同中國的釣魚台國賓館，一度是專供蔣家、國民黨顯貴及其外國友人宴樂之處。蔣氏流落孤島臺灣，仍要保持統治中國時的帝王儀仗，非圓山飯店不能展現其獨裁者之威嚴。宋美齡亦曾在飯店的附屬建築中成立「臺北圓山聯誼會」，這是一個會員制的俱樂部，成員非富即貴。直到上個世紀八〇年代中後期，圓山飯店才放下身段，淡化神秘色彩，容納庶民顧客。

在臺北的大型建築中，我最不喜歡的是中正紀念堂、國父紀念館和圓山大飯店這三棟。這些建築是中國皇權專制文化之投射，張揚地顯示著對領袖皇帝式的崇拜和對民眾基本人權的蔑視。不過，若要體驗兩蔣威權時代臺灣特權階層的生活，圓山大飯店恐怕是最佳選擇。我在圓山大飯店門口曾看到過一名鶴髮童顏的前朝遺老，在一眾人等簇擁之下登上豪華轎車絕塵而去，飯店經理及服務生等一長排人畢恭畢敬地鞠躬送行。旁人告知，這是蔣經國時代的某某部長。他們緬懷的大概就是這樣一種高高在上的感覺吧？有趣的是，如今的圓山大飯店，陸客出奇地多，大概因為圓山大飯店號稱臺灣最奢華的飯店，且早在一九六八年就入選美國《財星》雜誌「世界十大飯店排行榜」，不住這裡不足以顯示「土豪」身分吧？

不入虎穴，焉得虎子：民進黨創黨之地

我對圓山大飯店的好奇，是因為它意外地在臺灣民主運動歷史上扮演了一個特殊角色：它是民進黨創黨之地，是黨外運動先賢冒著生命危險突破黨禁的歷史現場。

耐人尋味的是，當年參與創黨的人士對「圓山會議」的來龍去脈大都語焉不詳，無論是日記、回憶錄還是訪談，均缺乏鮮活的情節和細節。

比如，民進黨創黨元老傅正只是在日記中簡略記載說：「九月二十八日，面對國民黨三令五申嚴禁組黨的威脅，借用在臺北市圓山大飯店召開黨外後援會推薦增額立委和國大代表的機會，終於經黨外人士組黨大會通過組黨。」

康寧祥在回憶錄《打拚》中對會議過程也一筆帶過：「經過四十多年努力，一九八六年九月二十八日下午七點，臺灣人民終於成立新黨。宣布成立過程，相當戲劇性，一陣吆喝、一陣歡呼，『民主進步黨』就誕生了。」

尤清在訪談中談及，開會前在圓山大飯店門口碰到黃昭淵，便告知稍後要宣布組黨，如果害怕被抓，就先回家。黃說不怕，留了下來。開完會之後，尤清跟兩名助理從樓上下來，看到幾個警總的特務在大廳中監控。

謝長廷在訪談中對會場情況談得稍稍細緻一些：當下午第二輪會議開始時，主席是費希平，宣布討論謝、尤二人提出的組黨案。費先聲奪人地說：「我們現在要組黨啊，大家意見怎麼樣啊？」當時，黨外無人敢這樣明目張膽地提出組黨，費希平大聲戳破這層窗戶紙，功不可沒。

迄今為止，臺灣還沒有一本權威的民進黨黨史，對於三十年前在圓山大飯店舉行的創黨大會，坊間有各種不同的版本流傳，簡直要演繹成一場羅生門了。我希望找到一位既參與創黨大會，後來又不處於民進黨權力核心的人物，為我詳細介紹當時的情形——他不會為了爭權奪利而選擇性地記憶或遺忘。

「眾裡尋他千百度，那人卻在燈火闌珊處」，一個偶然的機遇，我在臉書上認識了魏耀乾醫師，他專門抽時間陪我到臺灣南部訪問最基層的農夫和漁夫，認識臺灣社會孕育在民間的生生不息的活力。當我在路上談起民進黨創黨大會這個話題時，他突然插了一句：「說起圓山大飯店的會議，沒有人比我更清楚，因為會議廳是我出面租用的。」

真個是踏破鐵鞋無覓處，得來全不費工夫，我喜出望外，立即跟魏醫師相約，幾天之後在圓山大飯店碰面，請他親臨現場介紹當年的情境。

我們一起步入飯店大堂，魏醫師指著前臺對我說：「當時，我是黨外中央後援會的十一名執行委員之一，並兼任財務長，謝長廷是秘書長，尤清是理事長。」當組黨活動到了堅冰突破階段，大家想找一個地方開會，但臺北很難找到一處合適的地方。國民黨情治人員無孔不入，黨外人士剛聯繫好一處地方，他們就前去恐嚇業主、破壞合約。失敗幾次後，魏耀乾靈機一動：不入虎穴，焉得虎子，乾脆租圓山大飯店的會議廳如何？

於是，魏耀乾找到櫃檯的一位經理，說要租用一間會議室。這位經理詳細詢問用途，魏不忍欺騙之，向其道出實情。這位經理說，你們組黨，我支持，但不能用黨外的名義，要用其他組織的名義，才能順利辦妥手續。魏耀乾當時在臺北牙醫師聯誼會兼職，就瞞天過海地用了臺北牙醫師聯誼會的名義，雙方很快簽訂合約。

圓山大飯店敦睦廳可容納兩百人，組黨那天，來了大約一百五十人。魏耀乾回憶說，在討論新成立的政黨的名字時，關於是否冠以「臺灣」一詞，眾人爭論良久。謝長廷拍板說，不必加臺灣。當時參與組黨的，有不少是反國民黨的外省人，如傅正、費希平，屬於從《自由中國》時代走過來的自由主義者，為了避免因統獨問題發生分裂、組成一個反國民黨的大聯盟，大家決定新政黨名為「民主進步黨」，並以一百二十三人舉手贊成通過此案。然後，下午六點立即召開記者會，生米就此煮成熟飯。

魏醫師帶我來到樓上的會議廳，他告訴我，這裡的基本格局沒有太大變化。據說，當時蔣經國從地下通道悄悄來到圓山大飯店，在地下室成立臨時指揮部，頻頻接見各情治部門負責人，一度計劃抓人，情勢千鈞一髮。在國際國內的壓力下，國民黨沒有破門抓人，被迫默認民進黨誕生這一事實。

· 右上圖：臺灣民眾抗議中共海協會會長陳雲林訪台，在圓山飯店掛出標語（取自新聞資料）

事後，情治人員百般騷擾有關人士。魏醫師說，此後數月，有警總、調查局、管區警察等在其診所對面設置監視所，監視來往人等。他住家後窗正對的那個單元，也長期被情治部門租用。後來，他在家中發現有七個竊聽器，遍布在客廳沙發下、臥室化妝檯下、廚房、廁所、電話機下以及大門內外等各處。

誰是賣國賊：野草莓、太陽花還是馬英九？

凶猛傲慢的龍，看不起微不足道的螞蟻——龍只要打一個噴嚏，就能吹走千萬隻螞蟻。但螞蟻們不畏強龍，積少成多、聚沙成塔，將無權者的反抗堅持到底。圓山大飯店的故事沒有結束，民進黨組黨成功二十二年之後，它又成為野草莓學運的觸發之地。

二〇〇八年十月，中共國台辦主任陳雲林訪問臺灣，他是兩岸分治以來中國派到臺灣的最高級別的官僚。陳雲林選擇下榻於圓山大飯店，一是與他作為「上國使者」的身分相配，二是因為圓山大飯店位於市郊，是一棟山腰上的獨立建築，便於布置各項安保措施。

馬英九政府為了向「上國」表現其「以小事大」的立場，派遣三千名警察到機場保護陳雲林，在圓山大飯店前的上、下山坡道和後山登山步道等相關通道上，也有五百名警力徹夜駐守。整個架勢，宛如清末時作為清國之藩屬國的朝鮮接待來自北京的特使袁世凱的禮儀。馬英九當局下令禁止臺灣民眾在圓山大飯店附近展示中華民國國旗，不惜以中華民國總統的身分充當「中華民國終結者」之角色。馬英九在陳雲林來訪時的表現，凸顯出他的賣國賊本質。

當時，馬政府命令警察藉維安之名，以粗暴的驅離、沒收、禁制、拘捕等手段，對付表達不同意見的民眾。有年輕學生手持中華民國國旗經過圓山大飯店，立即被警察收繳國旗，當場折斷丟棄。馬政府對基本人權及國家尊嚴之種種侵犯，引發民眾強烈不滿。許多民眾反問說：「錯亂了，警察不曉得他們為什麼而戰，為了陳雲林這個共匪，把臺北變成了北京啦？」馬政府的倒行逆施行徑，觸發全台大學生、教授及社會人士發動靜坐抗議運動，沉寂數年的民間反抗運動再次風起雲湧。自十一月六日起，以台大學生為主的數百名大學生，在行政院前面靜坐，表達對陳雲林來台期間警方執法和集會遊行法限制的不滿，是為野草莓學運之開端。而野草莓運動的參與者們，幾年之後，很多都成長為太陽花學運的主力。

此前，圓山大飯店險些隱身在歷史長河中：一九九五年火災受損後，曾有立法委員提議拆除圓山大飯店，將其用地改築「國會山莊」，以作為立法院新院址。此提案隨著圓山大飯店修復工程的完成，無疾而終。若那個提議實現，二〇一四年春天的太陽花學運，學生們必定就會來此佔領這座「國會山莊」。而更有趣的是，在太陽花學運期間，又出現過立院搬遷至圓山大飯店的提案，但未受重視。

誰是真國民黨：從「太原五百完人」到劉柏煙

很多人都不知道，在圓山大飯店旁邊的小花園中，還有一處私房景點，即「太原五百完人成仁招魂塚」。我向飯店的門童詢問此處，他一片茫然。我到外面尋覓好久，才發現這組日漸荒蕪的建築：除了墓塚之外，還有牌坊、碑壇、祭堂等，可見當年盛極一時。

一九五〇年，敗退臺灣、驚魂甫定的國民黨政權，從非蔣氏嫡系的「山西王」閻錫山那裡聽到太原城被共軍攻破時若干黨政軍人員殉難的故事，遂將其塑造成「太原五百完人」的傳奇，以之振奮軍心民心。次年，當局在圓山舉行「五百完人衣冠塚」落成典禮，老蔣親率五院院長及軍政首長前往致祭，還頒贈「民族正氣」匾額，小蔣頒贈「齊烈流芳」匾額，閻錫山則題「先我而死」塚匾。後來，「五百完人」的故事還載入臺灣的中小學課本，幾代學子耳熟能詳。

閻錫山在祭文中寫道，梁化之等人「殺身以成仁也」，其「誓生不與之（共產黨）兩立，死不與之覿

· 太原五百完人紀念碑

面，戰至由巷而院，力盡物竭，集體自殺而焚其體，此生可謂得其結果而無憾矣！」閻錫山還撰寫「太原五百完人歌」：「民族有正氣，太原出完人；海天萬里招忠魂，歌聲悲壯動三晉。何以為完人？生而能殺賊，死而不留身，大節凜然表群倫。」閻錫山另外又撰寫了「太原五百完人成仁紀念碑」之碑文。當時，所有的黨政要員也都寫匾題詞，好不風光。最有諷刺性的是，陸軍總司令孫立人最初也在紀念碑上題名。當孫案爆發後，孫被蔣軟禁，碑上的名字也被鑿除。一直到四十年後孫案平反，有關單位才將孫立人題寫的紀念碑恢復原樣。

一九八〇年代，從彼岸斷斷續續地傳來真相：所謂「五百完人」，大部分名不副實，好多人在共產黨統治下存活數十年，真正的死難者僅四十六人。臺灣文史工作者管仁健有感於國共內戰的殘酷和國共兩黨對意識形態的操弄，發表議論說：「蕭牆之內，皆有內戰，原本是血淋淋地自相殘殺，醜陋的生靈浩劫，無人是忠烈，參戰者皆屠夫而已，只是拖進了千萬無辜的生命，焦毀了自我的家園。」

當陳雲林這個在北京名不見經傳的小官宛如太上皇般駕臨臺灣，馬英九及整個國民黨政權毫不掩飾地親共、媚共之際；當貴為國民黨終身名譽主席的連戰赴北京參加法西斯式的大閱兵，向屠戮國民黨人員的解放軍致敬之時，不知「五百完人墓」中死於戡亂、剿匪的四十六名國民黨人，該作何感想？國民黨還好意思說「生不與之（共產黨）兩立，死不與之覿面」嗎？國民黨的當權派在昔日的「殺朱拔毛」和今日的「聯共治台」之間精神錯亂，難以將尖銳衝突的兩者整合成一套統一的意識形態，就只好靠謊言欺騙民眾。

不過，國民黨內也有將「三民主義統一中國」當作真實信念的人士。陳雲林前腳剛走，一名自稱國民黨黨工的八十歲男子、退休教師劉柏煙，在中正紀念堂園區自焚身亡，以抗議馬政府接待陳雲林的規格，尤其是「陳雲林來台，民眾拿國旗，竟然被警方毆打，事後打人的警察卻沒事」。其後，劉柏煙的兒子接受媒體訪問，透露國民黨方面無人前去探視，反倒是本土社團前往慰問，並希望「父親的死能換來臺灣社會的覺醒，共同來維護臺灣國家、國旗與人權的尊嚴。」

劉柏煙才是真正的國民黨黨員，你可以不同意他的政治立場，但你不能不尊重他以身殉道的勇毅。劉柏煙應當被葬在「五百完人墓」旁邊。或者，將五百完人恢復為四十六人的真貌，再加上以死明志的劉柏煙，合成「四十七烈士墓」——並在圓山大飯店門口豎立一個指示牌，建議每個入住的陸客都去瞻仰一番。◆

・上圖：太原五百完人塚：兩蔣時代曾被移除的孫立人題詞（取自新聞資料）

・下圖：太原五百完人塚：兩蔣時代曾被塗抹的吳國楨的名字（取自新聞資料）

圓山大飯店

地址：臺北市中山區中山北路四段1號
電話：02-2886-8888

誰，又不是「亞細亞孤兒」？

吳濁流故居

我知道「亞細亞孤兒」這個名詞，最先來自羅大佑一九八三年創作的歌曲《亞細亞的孤兒》。九十年代，根據柏楊寫泰北孤軍的小說改編的電影《異域》萬人空巷，這首歌是其主題曲。

一九八九年的夏天，經歷了六四屠殺的震撼，年僅十六歲的我，面容尚且稚嫩，心靈卻已歷盡滄桑。聽到這樣的歌聲，不禁淚流滿面：

亞細亞的孤兒在風中哭泣；黃色的臉孔有紅色的污泥；黑色的眼珠有白色的恐懼；西風在東方唱著悲傷的歌曲。亞細亞的孤兒在風中哭泣；沒有人要和你玩平等的遊戲；每個人都想要你心愛的玩具；親愛的孩子你為何哭泣。

這歌不僅是唱臺灣，也是唱中國。羅大佑的歌，以及那個時代的臺灣校園民謠，成為中國八十年代末期年輕人純真而憂傷的記憶。另一端，則是崔健「一無所有」的吶喊。是啊，既然是「亞細亞孤兒」，當然一無所有。

又過了幾年，我在北大中文系選修臺灣文學的課程，才知道「亞細亞孤兒」這個詞語，最早出自吳濁流的同名長篇小說。臺灣文學史家陳芳明指出：「臺灣文學史上，如果孤兒文學一詞可以成立的話，則吳濁流應該是這個文體的創建者。」百年以來，海峽兩岸，大道多歧，人生實難，不都一樣嗎？那麼，在戰亂與暴政的漩渦裡，你、我、他，誰又不是「亞細亞孤兒」？

至德堂：隱藏在青翠稻田間的古厝

訪台期間，我應邀赴新竹清華大學講學，聽說吳濁流故居就在新竹，但詢問了許多在地師生，都不知

· 上圖：童年的吳濁流以為自己住在大廟裡

· 左下圖：一生筆耕不輟的吳濁流先生（取自新聞資料）

· 右下圖：吳濁流任關西公學校馬武督分校主任時與教職員合影，前右二（取自新聞資料）

道究竟位於何處。我與久居新竹的文友李政亮聯繫，他說可以驅車帶我前去參觀。

一大早，我們便出發了。抵達吳濁流故居所在的新埔鎮時，連一個指示吳濁流故居的路標都沒看到，很快我們就在縱橫交錯的鄉間公路上迷路了。李政亮下車問了好幾次路，總算離目標越來越近。

忽然，我一眼看到在一片青翠的稻田間有一棟黃褐色的古建築，再仔細一辨認，果然門口有「至德堂」之牌匾。古厝與稻田，黃與綠的色彩對照，沒有哪個美術大師能調配出如此美妙的畫面。

沿著小路往裡走數百米，就到了「至德堂」門口。擁有百年歷史的「至德堂」，處處可見精雕細琢的飛簷斗角，在鄉居的質樸之外，亦有一種富貴之氣。這是一個兩重院子的古厝，除了正堂用於供奉吳家祖輩的牌位之外，兩側橫屋及以過水廊連貫多棟「外橫屋」，吳家幾代即聚居於此。吳濁流生於斯、長於斯，童年與祖父一起居住在左側的第一間橫屋。祖父特別寵愛這個聰明的孫子，親自充當其啟蒙老師。

就建築本身而言，這棟古厝比胡適故居、殷海光故居等處更具藝術美感和歷史價值。二十世紀之初，亦農亦商的吳家經過數十年苦心經營，成為新埔一帶的首富，遂興建了這座宛如公共廟宇般寬大的豪宅。難怪童年的吳濁流一直以為自己一家住在一所大廟裡。多年以後，吳家後人紛紛搬離這所老宅，老宅在風吹雨打中搖搖欲墜，有心人開始將其規劃為吳濁流紀念館而建言和奔走。吳濁流的好友、作家鍾肇政曾談及吳濁流紀念館一波三折、拖延二十年的經過，前幾年這組古厝修葺完畢並對外開放，總算可以讓他安心了。

古厝周遭圍繞著碧綠的稻田、沉鬱的老樹、靈動的飛鳥和安詳的老牛，有山有水，動靜結合，堪稱人與自然和諧相處的典範。若是生活在這裡，人人晴耕雨讀、各安其命；人與人之間，不必物競天擇、適者生存、勾心鬥角、成王敗寇。吳濁流年輕時，在公立學校教書，他常常思索，像自己這種直率固執的性格，要長久在日本人手下做事是不容易的。在他隱藏的內心底，總有一片芬芳的土地讓他依存、讓他相信：任何衝突意外發生，最壞的結果是退職回鄉。至少，還有一大片永不荒蕪的田園，可以滋養他的生命世界。

我們入內參觀房舍。古厝的建築修舊如舊、一絲不苟，室內的展覽卻簡陋粗疏、亂七八糟——只有幾個佈滿霉斑的展板放在地上，既無專人管理，也沒有展出吳濁流生前的物品、書籍和文稿。大大小小十多間房屋，大都空空蕩蕩。

參觀者看到的唯一一件吳濁流生前用過的物品，是一組頂天立地的大書架。這是吳濁流晚年回鄉居住時，特意請木匠打製的，希望可以放置其汗牛充棟的藏書。然而，他沒來得及將藏書分門別類地放上書架，就驟然病逝。即便是這個空空如也的書架，也被漫不經心地放置在角落，佈滿灰塵。

更讓人不可思議的是，這裡展出的關於吳濁流生平和創作的簡介，完全遵行國民黨保守派的歷史觀。隻字不提二二八和白色恐怖等對吳濁流一生影響甚大的歷史事件，單單渲染吳濁流年輕時代的反日事跡和思想。彷彿吳濁流只是一位批判日本殖民統治而從未對國民黨政權有所不滿的知識分子。這種扭曲歷史以獻媚當權者的做法，是吳濁流生前最厭惡的虛假偽劣之風氣。新竹縣文化局的「不作為」和「胡作為」，真是愧對吳濁流這位偉大的在地文豪。

「忍辱負重」是另一種形式的抗爭

文學評論家黃秋芳說，我們每一個人都有必要，像吳濁流一樣，為自己、為這個時代，為我們所依存的「此時此地」，找到一條美麗的山路，通往一個會發光的遠方。吳濁流故居背後，有一條山路，沿著小路往山坡裡走，是吳家墓園。墓園的字聯由吳濁流親撰，祖塔的顏額題著「忍辱負重」四個字。當

· 尚需要千百件展品來填充的紀念館

時，同房的侄輩對此頗有意見，認為不宜，吳濁流十分堅持，最終成為定案。「忍辱負重」的題字，不僅是吳濁流對祖輩在日治時代生活境遇的概括，也是他本人在國民黨白色恐怖時代的真實感受。日治時代，吳濁流一度對作為祖國的中國充滿美好想像，「只是以懷念的心情愛慕著，而自以為只要在父母的膝下便能過溫暖的生活」。三十年代，他以報社記者的身分，專程去中國尋根，到過上海、南京，看到「洪水般的饑餓，乞丐的奔流」，更看到謊言與暴力的氾濫，「且說中國是一個奇特的國家，和日本頗為不同。在日本，二乘二必定是一個答案：四。但在中國，二乘二會變成三，或五，甚至變成六或八的時候也有」。中國夢被殘酷的現實摧毀，他黯然回到臺灣，發現臺灣是唯一的家園，再也不需要回到彼岸那個虛無縹緲的「彼岸的家」了。

在日治時代，吳濁流創作了許多批判日本殖民統治的作品。為了躲避日本警察的搜查，每次執筆寫兩三張稿紙，就藏在廚房的木炭籠裡，積了一些，再疏散到鄉下老家。若沒有頑強的韌性，這樣的寫作怎能長期堅持下去？

一九四五年，國民黨政權接收臺灣，很快將更大的謊言與暴力移植到寶島上。在殺機四伏、道路以目的時代，吳濁流只能通過最曲折的方式，表達內心深處的哀鳴。他收起「鐵血詩人」的張狂與固執，避開牢獄之災和血光之災。但他並沒有放棄對文學本質的堅守，在他看來：「文學就是文學，要有絕對自由意境才能產生好作品，拍馬屁不是文學，喊口號也不是文學，文學是藝術，不能來作工具。」

白色恐怖的時代實在太長了，長過很多人的一生，他們沒有看到隧道盡頭出現光芒，就黯然離世。吳濁流去世時，沒有等到「做任何事都不會受人監視；走什麼地方都不會被警察責備，寫任何東西都不會被禁止出售，攻擊誰都不會遭暗算」的那一天。然而，對他而言，忍辱負重不是苟活，不是沉默，而是另一種方式的抗爭：創作文學、編輯雜誌、培養年輕一代作家，如春雨一般「隨風潛入夜，潤物細無聲」。在《吳濁流致鍾肇政書簡》中，我看到吳濁流對作為後輩作家鍾肇政的拳拳關愛，其中一封信這樣寫道：「聽說你生病，經濟方面也有困難，然而，現在我也已經退休，無法幫助你。因此，前天把上次你替我翻譯的《東遊雜感》送到《自立晚報》發表，大概可以拿到稿費，稿費入手就會送給你。不過，報社的稿費是不能即時拿到，可能要等待一些時間。領到後，馬上會寄給你。請多保重身體。」此種愛人如己的情誼，今天還能在世上找到嗎？

臺灣連翹與無花果

我喜歡「寵辱不驚，看庭前花開花落；去留無意，望天上雲卷雲舒」的鄉居生活，難怪吳濁流晚年要回到這座安靜的老房子。鄉居生活，除了雞犬之聲相聞，更可與草木為友，吳濁流最喜歡的植物，是臺灣連翹和無花果。除了《亞細亞孤兒》之外，他的另外兩部重要作品，即分別以《臺灣連翹》和《無花果》為名，既是小說，也是其精神自傳。

一九七二年，七十三歲的吳濁流歲開始起草自傳《臺灣連翹》，開篇第一句即說：「我是一九〇〇年，十九世紀出生的，而不是出生於二十世紀的人，只差了一年，卻感覺似乎落後了一個世紀。兼之出生於臺灣偏僻的鄉下，實在既不逢辰，又不適地。」臺灣連翹，客家人稱為「黃藤枝」，植物學稱為「苦林盤」，是屬於生命力堅毅的植物，能適應惡劣的環境，它常被種植在住家旁做為圍籬之用，因而註定遭受經常被修剪的命運。即使知道會遭到割剪，也不會違背自己的個性，依舊堅定地向上生長。吳濁流取其意作書名，象徵意義明顯可見。由於書中內容多處觸及當權政治人物，吳濁流囑咐在過世之後才能發表。島內文字獄步步殺機，直到他去世十餘年後，這份遺稿才正式出版。

《無花果》則是最早觸及二二八禁忌的文學作品之一。最初連載於《臺灣文藝》雜誌第十九至二十一期，由於雜誌的發行量低、流通有限，未引起警備總部的注意，文章默默流傳於文藝圈中。一九七〇

・下圖：作者訪問吳濁流故居至德堂（照片由作者提供）

年，《無花果》發行單行本，人們爭相先睹為快，隨即遭警總取締，成為禁書。無花果是一種不起眼的植物，選擇在沒有人注意的地方默默開花、悄悄結果。吳濁流說，他在這本書中，「追憶著這些不能忘懷的心影，把我所見所聞的二二八事件的真相率直地描寫出來」。

山多地少的新埔，被勤勞的客家人開墾成豐饒的村鎮。誠如吳濁流所說，無論是臺灣連翹，還是無花果，都是「在自己的土地上開花、結果、繁衍！」吳濁流的一生在矛盾和衝突中堅忍不拔、筆耕不輟。中年以前，他用日文創作；中年以後，又重頭學習中文，乃至以中文寫作。作為一名作家，語言轉換的痛苦與艱難，不足為外人道也。對於吳濁流一生的文學活動，文學史家林衡哲評論說：「吳濁流站在自己的工作崗位上，成為臺灣文學史上最有力的歷史見證人，同時也成為四百年來有良知的臺灣知識分子的代表性人物。」這是對其一生最為懇切的概括。

漫步在寬敞的院子裡，眺望在風中起伏的稻田，我想起自己在四川小鎮上度過了風景依稀相似的童年。每個作家的心靈深處，都有一片如詩如畫的故土。鍾肇政說，當年他期望北、中、南各建立一位重要作家的紀念館，即北部的吳濁流紀念館、中部的楊逵紀念館和南部的葉石濤紀念館，這三位作家都是橫跨二十世紀的臺灣文學巨匠，都敢於說真話、敢於發出良心深處的吶喊，也都不為統治階層容忍和尊崇。吳濁流的境遇稍稍好於楊逵和葉石濤，沒有遭遇自由被全部剝奪、入獄為囚的厄運，但在白色恐怖時代的臺灣這座「監獄島」上，他又能有多大的言論自由和思想自由呢？他一輩子都在與「心牢」抗爭——《亞細亞孤兒》的主人公胡太明如是說，「不僅在島外流亡，而且也在島上流亡」，作家本人何嘗不是如此？

如今，這三座紀念館都對外開放了，偏偏吳濁流故居最為名不副實，尚且需要千百件展品來填充，來賦予古舊的建築以鮮活的靈魂。但願我下次再來時，能在這裡看到吳濁流的手稿、著述及物品，能有更多時間與這位文壇前輩心靈交會。◆

吳濁流故居

地址：新竹縣新埔鎮巨埔里五鄰大茅埔10號
電話：03-5881-311（新埔鎮公所）
參觀時間：每週一至週日

三個媽媽帶大的囝仔
1943年，陳定南出生在宜蘭縣三星鄉大洲村
這個世代務農的純樸家庭。
十歲遭逢喪母之慟、父親又為家庭的債務積勞成疾，
所幸在兩位姑媽情同母子的照護下堅毅成長，
他一生感念「三個媽媽」的養育之恩。
由祖父陳阿儀起造的這棟閩南式三合院，
建於1920年代，陳定南在此出生、成長。
老屋迭經整修，現留存正身，
懷抱於紀念館與蘭陽的山海情境之間，
腳步輕移，讓我們走入深邃的記憶，
翻閱陳定南的時光相簿……

是討人喜歡，還是讓人尊敬？

陳定南紀念園區

陳定南是誰？

陳定南之前，臺灣沒有這樣的政治人物；陳定南之後，臺灣也沒有這樣的政治人物——雖然柯文哲曾到陳定南紀念館參訪、取經，但柯文哲能否成為像陳定南那樣樹立典範的人物，猶在未知之數。

陳定南於一九八一年當選宜蘭縣縣長，打破國民黨在宜蘭三十年一黨專政的局面，他在兩屆縣長、一屆立委和一屆法務部長任上，革除貪污腐敗的政治文化，樹立廉能政府的榜樣，雖然不為很多人喜歡，卻受到更多人的尊敬。

懷著對陳定南的好奇心，我在宜蘭在地友人的陪同下，赴三星鄉大義村陳定南紀念園區參觀。園區比我想像中的更加優美和寬敞。紀念館的主體建築由黃建興建築師設計，將祖厝重新整修，作為園區的精神中心。新增主體建築呈L型配置，格局方正，象徵陳定南一生清廉、頂真的風骨。舊宅與新館渾然一體、交相輝映，既能看出時代的更迭，更能體驗到精神的傳承，這是建築師最具匠心之處。

當一個新世紀地球村的世界公民

陳定南是個堂堂正正的大丈夫，他的自我期許是：「當一個新世紀地球村的世界公民。」他有臺灣本土意識，卻又不受本土意識的侷限，而具有國際眼光和全球視野。

還是戒嚴時代，陳定南就敢於挑戰權威，突破禁忌，宣布宜蘭的機關學校不掛兩蔣畫像，電影院不唱國歌，學校免除升降國旗儀式；他挺身捍衛人權，廢除遍布每個單位的特務機關「人二室」，撤銷安維秘書，銷毀忠誠資料，讓公教人員從此享有免於恐懼的自由。

陳定南更是環境保護理念的先行者，治山防洪，取締汙染工廠，讓宜蘭保有好山好水好空氣——在那

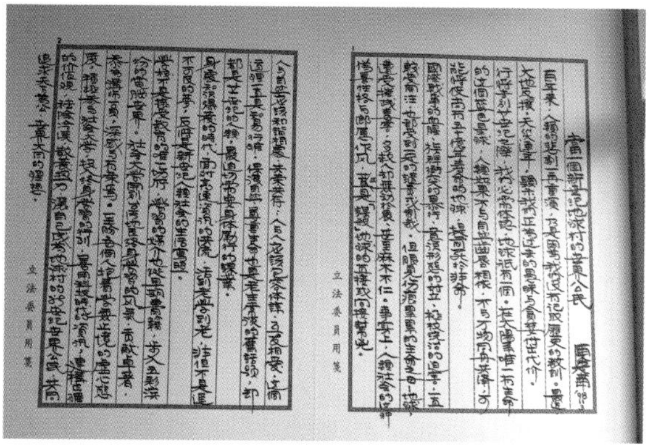

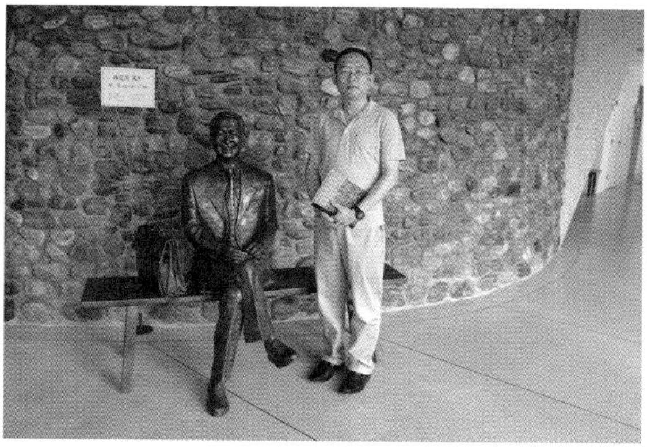

· 下圖：作者在陳定南紀念館內參觀（照片由作者提供）

· 裝置藝術《紀事》

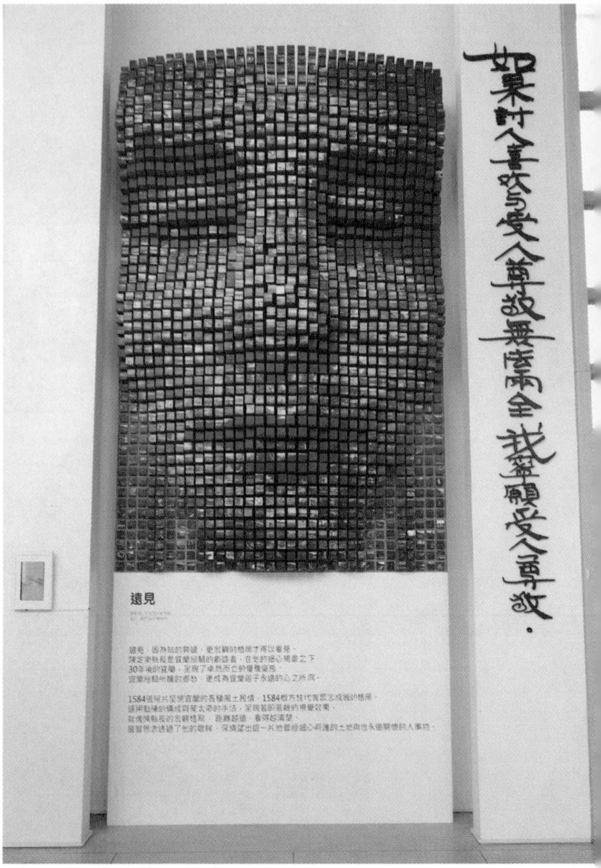

· 左上圖：紀念館入口

· 左下圖：三樓的教育中心

· 右圖：是討人喜歡，還是讓人尊敬？

個只顧經濟發展不顧環境議題的時代，人們認為他小題大作；到了環境問題危及臺灣的生死存亡之時，人們才發現他那先知般的遠見。

陳定南的公子陳仁杰在臉書上有一段感嘆：「當年我阿爸擔任宜蘭縣縣長時嚴禁開發山坡地，但有人為了開發而刻意在開發案旁建廟，以臺灣人的習俗，應該是沒有人敢動神明一根毛，但他們萬萬沒想到，陳定南卻把這間廟給拆了。當然這事情的後續也沒啥好說的，廟被拆了，建案沒成，好山好水留下來。人在做，天真的在看。我真的非常疑惑，這年頭做官的有那麼困難嗎？」

紀念館的新建築共三層樓。 樓為主題展示區，依宜蘭經驗、宜蘭認同、司法改革、廉能政府、環境生態等陳定南施政相關及延伸之主題，經研究、資料蒐集，不定期舉辦主題展覽。

二樓為常設展示區，以陳定南在台大法學院學生代表會主席、宜蘭縣長、立法委員、法務部長、省長選舉、回鄉參選等從政時期之重要政績及手稿為主軸，透過窗櫃式一一陳列，參觀者可以將牆上的展板像書籍一樣翻開，一一觀看珍貴的歷史圖片及文字說明。

三樓為廉能教育中心，常常舉辦青年學習營，出門到陽台上可以眺望周圍的山脈及海洋，為之神清氣爽。

我來參觀時，一樓正好有名為「紀事」的裝置藝術展。這是一件藝術家只完成一半，讓參觀者加入其中、共同完成的藝術品，也是 封寫給陳定南的信：堆石紀事是一種最原始的紀事方式，在這裡，小石頭代表著小我，大石頭代表著大我，小我凝聚成大我，大我再凝聚成更大的我。藝術家期待千萬人將思念寫在小石頭上，將小石頭投入用鐵絲網製作的圓形器皿中，每個圓形器皿就是一塊大石頭。當思念填滿一個器皿之後，藝術家就將其移送到院子裡。最後，二十顆大石頭圍成一個二十公分的大圓圈，成為供友人休憩的戶外座椅。

在旁邊的玻璃展櫃中，有一雙陳定南穿過的鞋子，被視為「鎮館之寶」。其中一隻鞋子特意翻過來，

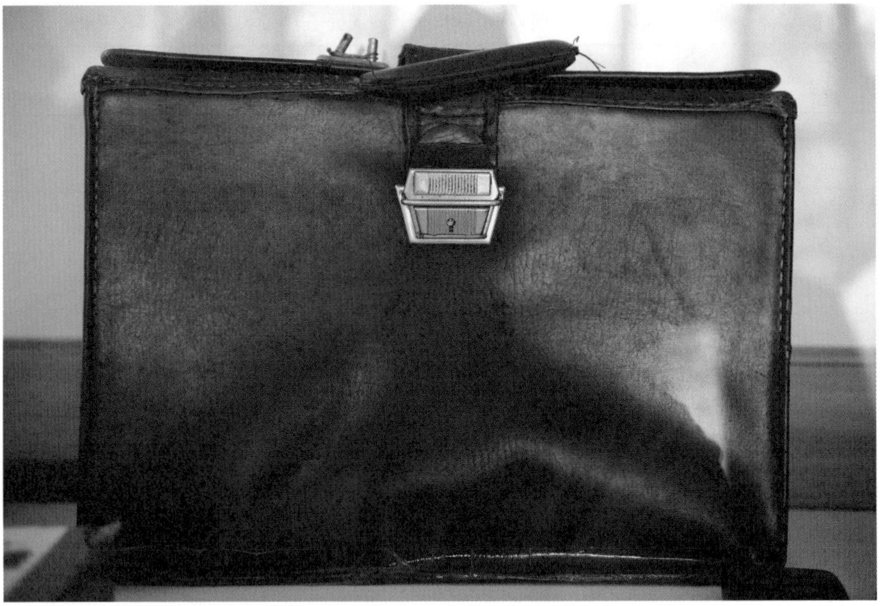

讓人看到鞋跟破了之後用膠布貼上的痕跡。陳定南生活簡樸，當上法務部長之後，時常穿著這雙已破舊得不成樣子的皮鞋。有朋友勸他說，這雙鞋子太舊了，有失部長的體面；他卻回答，還是舊鞋穿著舒服。

另一件「寶物」是陳定南多年隨身攜帶的公事包，外面已磨得掉顏色，宛如出土文物。裡面除了公文之外，還特別裝一把鐵鋤頭。縣長的公事包裡為什麼裝鐵鋤頭呢？原來，陳定南推動宜蘭各項建設時，無論樓宇、水壩，還是公園、公路，對品質要求都很高。他杜絕回扣、紅包等陋習，唯獨提出一個要求：每項工程都要保證百年穩固。他親自檢查工程建設，其中的一個程序就是用鋤頭敲打，看水泥品質如何。由此我想起故土四川在二〇〇八年的大地震中，那麼多「豆腐渣」校舍轟然倒塌，那麼多無辜的孩子不幸遇難。若那些校舍由陳定南監督修建，一定會屹立不倒；那麼，數以千計的孩子的生命就得救了。

接下來觀看舊宅中的展覽，一件件展品更讓我感動不已。這棟祖厝為陳定南的祖父和祖母於一九三〇年代所建，建材以太平山紅檜木、扁柏、烏心石搭配而成，古色古香。展覽的物品，貫穿陳定南的一生，從其出生、求學、經商、結婚、家庭至離世的生命歷程及哲學都栩栩如生地呈現在參觀者面前。夫妻通信、育兒心得，點點滴滴，鐵漢亦有柔情。

友人眼中追求完美的精神典範

陳定南基金會的林光義董事長親自為我導覽，並向我講述了他與陳定南數十年來親如兄弟的友誼。

陳定南從台大法律系畢業後，看到獨裁政府操弄司法的情形，非常痛心和失望，害怕「近墨者黑」，乃棄法律而經商。一九七九年，美麗島事件爆發，讓陳定南極為震驚，知道不能獨善其身，又棄商從政，投入地方選舉。

林光義清楚地記得，那一年宜蘭縣長選舉前夕，作為宜蘭高中校友的陳定南前來找他幫忙，滔滔不絕地談三個小時的治縣理念，連從宜蘭回臺北公車的末班車都錯過了。那一天，林光義突然發現，一個可以改變宜蘭命運的人就近在眼前，從此他全力支持陳定南。那個年代，大家心中仍懷有恐懼，很多人不敢去陳定南的競選總部，林光義拉著一群朋友去當義工。

林光義是中學老師，與陳定南一樣，沒有其他嗜好，唯獨熱愛讀書。陳定南生活簡樸，家中倒不是「家徒四壁」，因為四壁都有書，也算是「坐擁書城」。陳定南有一句名言：「負債也要買書」。陳定南對自己節省到苛刻的地步，出門常搭公車，捨不得搭計程車。他卻對有需要者慷慨大方。林光義還記得，當同學們發起給一位退休後生活困難的老師籌款，陳定南一下子就捐出二十萬元。

林光義說，陳定南生前常找他幫一些小忙，他差不多成了陳定南的「編外秘書」。比如，陳定南戴的那隻機械錶，是考上大學時父親送的禮物，這錶一戴就是四十年，從來沒有換過。偶爾故障，忙得不可開交的陳定南便請林光義拿去找師傅修。後來，由於天長日久，會修這款舊錶的師傅都找不到了。

林光義告訴我，陳定南在民進黨內是一隻孤鳥，不屬於任何派系，也不拉幫結派。他的剛正耿直，連陳水扁都敬畏三分。陳水扁的兒子和女兒先後結婚，婚禮排場盛大，官場上有頭臉的人物，絡繹不絕地去送禮。部長當中惟有陳定南不去湊熱鬧，他對身邊的朋友說，我不喜歡這樣的場面，這種過於張揚的婚禮並不合宜。吳淑珍在公開場合每次都換一種名牌包包，惹得外界有所非議。陳定南亦有所耳聞，他私下裡說：「總統夫人本身就是第一品牌，為什麼還要靠名牌包包來襯托自己呢？」

陳定南去世之後，其葬禮幾乎是國家元首的規格，即便跟他政治立場不一樣的人，也都不吝於給他崇高的讚美。人們公認，陳定南身上凝聚了臺灣人最珍貴的核心價值：廉能、遠見、魄力、奉獻、犧牲和追求完美。歷史無法假設，但我在參觀紀念館時浮想聯翩：倘若臺灣第一次政黨輪替時，擔任總統的是

· 作者在陳定南紀念園區陳氏舊宅空間中听林光義董事長的解說（照片由作者提供）

陳定南而不是陳水扁，陳定南將宜蘭經驗推廣到整個臺灣，是否能引導臺灣走出一條民主廉政的新路，而不致於走上扁政府醜聞纏身而失去民眾信賴、進而國民黨威權捲土重來的歧路？

天妒英才，二〇〇六年，陳定南突然病逝，留下五百多箱寶貴文物，包括：筆記、自傳、書信、生活寫真、施政規劃等。林光義等陳定南的友人開始籌劃成立一間專門的紀念館。這個倡議得到海內外同胞的認同，先後有一萬筆捐款，總額一億多，使得紀念館於二〇一一年落成啟用。林光義特別強調，紀念館不是造神，而是通過介紹陳定南的生平事跡和為官品格，推動法治教育、培養公民領袖及提高社會正義力量。

兒子眼中的「亞斯伯格症」患者

參觀完紀念館，經朋友牽線介紹，我又跟陳定南的公子陳仁杰相約在一家咖啡館會面，想從陳仁杰口中聽到陳定南的「另類故事」。林光義看陳定南，總有崇拜者仰視的角度；而陳仁杰眼中的父親，必定有不一樣的情貌。

陳仁杰於一九八二年出生，後來在加拿大留學十四年，二〇一〇年回到臺灣，最近在宜蘭開了一家墨西哥餐廳，同時他也是陳定南基金會的執行長。他告訴我，他並不願意生活在「陳定南公子」的陰影之下，父母的榮光，往往會成為子女的包袱。他特別提到，媽媽當初不太贊同成立基金會和紀念館，主要基於三個原因：第一，張昭儀女士認為，丈夫陳定南只是一個普通人，其功勞不足以到成立基金會和紀念館的地步；第二，在過去的選舉中，陳定南得到過大家出錢出力的支持，去世後不應該再麻煩大家、再向公眾募款；第三，二〇〇七年，張昭儀去美國訪問，特意到亞特蘭大參觀陳定南生前敬仰的民權鬥士馬丁·路德·金恩的紀念館，發現這家公有機構維持都有困難，擔心如果成立陳定南紀念館，未來也會面臨相似的狀況。

陳仁杰說，很多人將陳定南當作神，當作抽象的、不真實的黃金標準，這對家屬並不公平。在兒子眼裡，父親不是公眾印象中口若懸河的演講者以及日理萬機的政治家，而是性格內向、不願拋頭露面的居家男人。陳仁杰說，父親和他一樣，具備許多「亞斯伯格症」的特徵，許多人都懷疑父親有「亞斯伯格症」。所謂「亞斯伯格症」，是一種泛自閉症，患者存在一定程度的社交困難，經常出現語言笨拙、語言與溝通有問題等狀況。

陳仁杰告訴我，父親在本質上並不是一個喜歡政治、喜歡當官的人，進入仕途或許是陰差陽錯。父親最喜歡做的事情是在家閉門讀書，不愛出門見人。在當法務部長時，父親疏離於媒體，被媒體批評說是「soho部長」。年節假日，陳定南一般都去逛書店或看電影，媒體跟蹤其行蹤，卻拍不到可以爆料的新聞。

陳定南最後一次參選，是再度回宜蘭參選縣長。由於地方勢力對這位不當部長又來當縣長的前輩很不諒解，「宜蘭之父」居然敗選，就如同二戰勝利之後英國選民拋棄邱吉爾一樣。邱吉爾引用古希臘作家普魯塔克的話說：「對他們的偉大人物忘恩負義，是偉大民族的標誌。」陳定南失敗之後，沉默是金、強作笑顏。然而，此次失選給他帶來的巨大內心創痛，只有陳仁杰等家人知道。

在兒子眼中，父母的婚姻如同太極圖案，是「一正一反」。陳定南在當縣長的兩任八年期間，夫妻兩人完全不跑紅白帖。在其縣長任期結束後，當了立委，張昭儀覺得民意代表性質和縣長不一樣，應該要適度的參加婚喪喜慶。於是，張昭儀開始騎腳踏車去參加婚喪喜慶，像是去壯圍鄉，晚上道路漆黑，但她一個立委夫人還是騎著腳踏車來回。後來才買車代步，她對宜蘭各鄉鎮的道路瞭如指掌。

陳仁杰說，二〇〇六年，陳定南檢查出患肺腺癌第三期之後，媽媽和弟弟受到很大打擊，很長時間都不能接受這個事實。相比之下，陳定南本人對死亡的態度相當坦然，在接受化療的病房裡，特意擺放一尊美國總統甘迺迪的雕像。陳定南對前來探病的親友說，羨慕林肯、甘迺迪，死得其時，「趁我現在名聲尚好，能在此時和大家說再見，也是幸福」。

我想，如果將紀念館中介紹的陳青天和陳仁杰講述的父親結合起來，才是一個完整和真實的陳定南。對於未來的臺灣來說，與其期盼出現第二個陳定南式的政治人物，不如鞏固和完善民主憲政體制。如果有一個良好的制度環境，即便不以陳定南這樣高難度的「標本」要求官員和公務員群體，民眾也能享受到他們投票那一刻所期待的、政府也理應給予的優質服務。◆

陳定南紀念園區

地址：宜蘭縣三星鄉義洲路二段65巷52號
電話：03-9898855
參觀時間：A. 紀念園區：全年自由參觀
B. 紀念館開放時間：每週二至週日
09:00-17:00（每週一休館）

拋擲石頭有時，堆聚石頭有時

慈湖蔣介石銅像公園

二〇一五年二二八紀念日，全台發生多達二十五起蔣介石銅像遭噴漆、蛋洗甚至斬首事件。臺南市長賴清德參與二二八相關追思活動時表示，為了還給校園一個乾淨的學習空間，市府將會成立專案小組，讓臺南市轄內的蔣介石銅像全面退出校園，並會與桃園市政府討論，是否將銅像移往桃園。桃園市長鄭文燦立即回應，願意將臺南移出的蔣介石銅像移往慈湖兩蔣文化園區，將過去象徵政治權威的銅像，轉換為觀光用途。

隨即，高雄、臺中等地的地方首長紛紛表示，將參照此一模式移置其轄區內的蔣介石塑像。

對此，中央社報導說：「目前慈湖紀念雕塑公園共有二百一十八座各式蔣介石雕塑，包括有全身、半身，坐姿、騎馬等英姿，園區特別受到大陸遊客的喜愛。」最後一句話耐人尋味——蔣介石的粉絲難道都在中國嗎？

偶像的破滅：凡自高的，必降為卑

蔣介石銅像公園位於慈湖兩蔣文化園區的停車場旁，占地約四公頃，有小橋流水，有青山隱隱，景色宛如江南水鄉。

遠遠地，就看到密密麻麻的銅像群。這些銅像是歷經多年不斷蒐集各地拆除、閒置的老蔣塑像而來。有趣的是，大部分銅像呈現的都是老蔣晚年的容貌，或拄著楞杖露出慈祥的笑容，或以坐姿手持書本安靜閱讀，穿著多為長袍馬褂，顯示老蔣對中國傳統文化之尊崇。這也許是國民黨文宣部門刻意抹煞蔣介石南征北戰、殺人如麻的戾氣，著力將其塑造成萬民擁戴的慈父和青天。看多了這類塑像，說不定真以為蔣介石是一個慈眉善目、心地純厚的老爺爺呢。

在公園入口處，有一尊少見的蔣介石著軍裝、披上披風、騎著駿馬的塑像，展現其作為軍事統帥之面向。老蔣先以黃埔軍校校長之身分掌握軍權，再掠奪黨權和政權，但他本人僅在日本受過並不完整的、最低端的軍事訓練，一生沒有打過幾場勝仗。北伐是靠蘇聯顧問、蘇聯武器和蘇聯金錢打贏的；抗戰若非得到美國的支持，國軍和國府早就崩潰了；國共內戰檢驗了老蔣的真本事，短短三年便丟盔卸甲、一敗塗地；而國共最後一仗金門保衛戰的勝利，也是孫立人舊部和日本「白團」顧問聯袂完成的傑作。

六歲的兒子，不知老蔣是誰，看到開闊地帶就邁步奔跑。他只知道這是已經死去的「臺灣大總統」，然後問我：「在華盛頓特區，林肯和馬丁．路德．金恩都只有一個塑像，為什麼這個臺灣大總統有這麼多塑像呢？他比林肯和馬丁．路德．金恩更棒嗎？」這個問題讓老爸無言以對，只好請老總統自己來回答吧。

慈湖地區潮濕多雨，許多塑像都有氧化的情形，有的布滿濕漉漉的青苔，兒子突然發出驚呼：「爸爸，快來看這個臺灣大總統的頭上有活的蝸牛！」果然，好幾隻蝸牛在老蔣光滑的頭頂上閑庭信步，優雅如貴婦。老蔣的光頭成了蝸牛的家，上帝真夠幽默。我小心翼翼地左看右看，生怕周圍有人注意我們父子的對話——我們對蝸牛的關心勝過對蔣公的崇拜，幸虧不是戒嚴時代，否則僅僅因為無知稚子的一句呼喊，作為老爸的我很有可能被冠以「管教子女不嚴」或「對領袖大不敬」的罪名，送往綠島管訓。

導覽手冊中宣稱「這是以蔣介石單一主題呈現的雕像公園」，但也有少數不符合主題的雕像「魚目混珠」。比如，有幾個孫文銅像和蔣經國銅像，一個是導師，一個是兒子，倒也親密無間。三個時代的國民黨統治者聚集於此，若夜深人靜時，他們會交談什麼話題呢？孫文或許會斥責蔣中正治國無方、丟掉中國；蔣中正則會斥責蔣經國開放報禁和黨禁、導致國民黨失去對臺灣的全面控制。

據說，為了帶動地方觀光發展，大溪鎮公所有意透過姐妹鎮的關係，向浙江奉化爭取毛澤東塑像登台，將毛像放置於此，與蔣公併肩而立、「和平共處」。大溪鎮鎮長黃睿松說，此舉「除了可以化解當

· 右圖：蝸牛爬上了蔣介石頭像的眉心（照片由作者提供）

年歷史共業帶來的兩岸仇恨外，也能夠提升地方旅遊知名度，刺激遊覽熱度。」如果聽到這番充滿後現代意味的話語，蔣公是暴跳如雷、怒髮衝冠（可惜沒有頭髮），還是相逢一笑泯恩仇、與老毛握手言和？對於大溪地方官員引入毛澤東像的異想天開，不禁讓我想反問一句：曾經被納粹德國吞併的奧地利，會為了振興旅遊的原因，豎立一尊希特勒的塑像嗎？

在形形色色的老蔣塑像中，最引人注目的是一尊安置在半山腰上、號稱全臺灣最大的蔣介石坐像。它原來立於高雄文化中心，一九九六年被拆解成一百一十七塊。二〇〇八年，由藝術家重新組合，還刻意不完整重建，並命名為「傷痕與再生」。若是在白色恐怖時代如此處置蔣公塑像，當事人還不立即抓去槍斃？

漫步在這一尊尊大小不等、來歷不同的銅像之間，宛如進入一部時光穿越的電影。每個塑像旁都有詳細標示，說明該銅像來自何方，大都是軍公教單位或城市廣場、街頭巷尾，由此可以想像當年臺灣該有多少蔣氏塑像。作為基督徒的我，當然知道摩西十誡中明確規定「不可為自己雕刻偶像」；那麼，自稱基督徒的蔣介石，為什麼要默許、縱容乃至促成自己的塑像滿坑滿谷呢？

《聖經》中說，「凡自高的，必降為卑」。今天，誰還會唱那首讓人渾身起雞皮疙瘩的《蔣公紀念歌》呢——「總統蔣公，您是人類的救星，您是世界的偉人。總統蔣公，您是自由的燈塔，您是民族的長城」？那些妄自尊大的獨裁者，大搞偶像崇拜，最後羞辱的卻是其本人。這群塑像、這座公園，既給人以時空倒錯之感，更充滿荒誕、吊詭、反諷、解構之意涵。這恐怕是蔣氏始料未及的結局吧？

沒有被蔣介石統治過的中國人為何熱愛蔣介石？

廣義的慈湖兩蔣文化園區，除了蔣介石銅像公園，還包括兩蔣陵寢、復興鄉角板山行館等處，若是仔細參觀，恐怕一整天都看不完。至於兩蔣陵寢，我走馬觀花、匆匆一瞥，沒有心思觀賞憲兵的換崗表演——把人變成機器人，有什麼值得驕傲的呢？

客觀而論，兩蔣陵寢之規製，低調內斂，不若北京城中心位置的那座毛主席紀念堂，極為醜陋和龐大。兩蔣遺體仍未入土為安，密閉在漆黑的棺木中，參觀者見棺而不見人，畢竟保持了對死者最基本的尊重；反之，毛澤東的屍體安放在透明的水晶棺中，像埃及木乃伊一樣供民眾觀看，不是自我羞辱嗎？

無論在暴政還是在個人崇拜的酷烈程度上，蔣遠不如毛。也許因為蔣是毛的手下敗將，在孤島苟且偷生，無法再像在中國時那樣掀起更大規模的個人崇拜；也許因為蔣終其一生只實現了威權的統治，而未能像毛那樣成為極權主義老大哥，所以蔣的雕塑不如毛的雕塑那樣尺寸巨大、「頂天立地」。

在海峽兩岸及不同政治立場的人群中，對蔣介石的評價可謂冰火兩重天。一九九〇年代，臺灣實現民主化之後，隨著二二八慘案及白色恐怖時代的黑幕一一浮出水面，老蔣在臺灣的聲譽像股市崩盤一般無可挽回地跌落。很多臺灣人對促成臺灣經濟騰飛的小蔣有所感懷，對老蔣則普遍沒有好感。二〇一三年春，中正紀念堂管理處別出心裁地推出「臺灣設計蔣」的文創活動，剛在網上發布消息，便惹得民間輿論大嘩。網友惡搞蔣介石，設計了印有蔣介石頭像的廁紙以及夾腳拖鞋等物品。文化部長龍應台灰頭土臉，趕緊下令停止該項活動。

反之，彼岸的中國人由於受共產黨之苛政久矣，在漆黑一片中，看不到一點希望，找不到替代品，便懷念起半個多世紀之前被趕走的國民黨。被共產黨宣傳機構嘲弄和羞辱半個多世紀的蔣光頭，突然如同轉世靈童般閃閃發光。有一些中國人認為，跟殘民以逞的毛澤東相比，蔣介石至少算是一個「次壞」的蘋果。「民國熱」遍布學界與民間，關於民國的書籍銷量都很好，許多大學生穿上民國服裝拍攝畢業照。也有一些異議人士，不畏共產黨的打壓，組織「泛藍聯盟」，歡迎國民黨回中國執政——勇氣可嘉，但精神資源陳舊不堪，就好像民國肇始，剛剛當上臨時大總統的孫文率文武百官前去拜祭明太祖朱

·小鳥將蔣介石的光頭當作休憩之地，獨裁者無可奈何（照片由作者提供）

元璋的陵墓一樣。在我看來，明朝和清朝的政治並無本質的差異，與清朝這個外族建立的政權相比，明朝這個漢人的政權，其殘暴猶有過之，毫無追念的價值。國共兩黨也是如此，他們都是蘇俄列寧式政黨的變種。

臺灣開放陸客旅遊之後，慈湖兩蔣文化園區、中正紀念堂、國父紀念館、士林官邸……這些與蔣介石關係密切的景點，臺灣遊客越發稀少，陸客則摩肩接踵、人潮如織。雖然今天細雨迷濛，但當我在蔣介石塑像群落之間漫步時，一車又一車的陸客抵達此處。他們操著各地方言，呼朋引伴，高聲喧嘩，好不熱鬧。原本寧靜的公園，瞬間熱鬧如夜市。有一對陸客夫妻帶著一個五、六歲的孩子，父母對孩子說：「寶寶，跟這個白鬍子爺爺照一張相！他就跟聖誕老人一樣！」我只能厭惡地走遠一些。

歸根結底，許多中國人對蔣介石和國民黨的喜愛，是一種因距離遙遠而產生的虛幻美感，也是一種極權統治之下扭曲而怪異的「民意」。毛澤東是暴君，並不意味著蔣介石就是明君。獨裁雖有差別，但獨裁的本質是一樣的。為什麼非得選擇那個「次壞」的蘋果，而不能選擇一個真正的蘋果呢？中國人先將毛澤東當作點石成金的皇帝，然後又希望蔣介石反攻大陸大獲全勝，將命運的改觀寄託在新的皇帝身上，自己既不願行使權利，更不願承擔責任。於是，皇帝永遠是皇帝，奴隸永遠是奴隸。

在這裡，可以聽到各種中國方言談論蔣爺爺，倘若蔣介石被這南腔北調的聲音驚醒，心中是喜是憂？若是歡喜，一定是他發現多數臺灣人都將他看作獨夫民賊，反倒是大陸「人心思漢」，人們千里迢迢跑到臺灣探望他和讚美他；若是憂慮，一定是他發現億萬中國同胞仍然生活在共產黨統治下，而他的國民黨徒子徒孫卻跑到彼岸與狼共舞、甚至不惜引狼入室，企圖讓臺灣成為中國的一個省份，又該如何處置這群不爭氣的叛徒呢？

慈湖紀念雕塑公園

Cihu Visitor Center
慈
湖

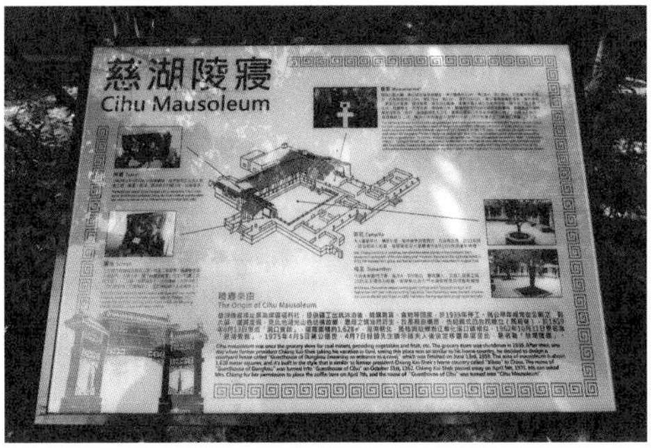
慈湖陵寢
Cihu Mausoleum
The Origin of Cihu Mausoleum

· 作者在兩蔣塑像之中匆匆行走（照片由作者提供）

沒有轉型正義，哪有真實歷史？

是否將慈湖蔣介石銅像公園寫入「臺灣民主地圖」系列之中，我猶豫再三。我很擔心那些蔣介石獨裁統治下受害者的情感由此受傷。幾經斟酌，決定還是寫入書中——因為這個地方是臺灣轉型正義尚未完成的標本。

首先，這個公園的出現是臺灣民主化的結果。如此眾多的蔣介石塑像被逐出原來的公共空間，雲集於此，去除了肉麻的頌詞與崇拜的禮儀，在威權時代是不可想像的。參觀者多以平常心觀看，不會對其三跪九叩、高呼萬歲，更可對其指指點點、評頭論足。這一事實本身就表明，臺灣的民主化已經上路、無可逆轉。

其次，這個公園的存在也提醒人們，臺灣的轉型正義還需推進。因為轉型正義沒有完成，國民黨執政期間才有恃無恐地推行「課綱微調」。一般民眾，尤其是年輕一代對蔣介石以及威權時代的歷史缺乏正確認知，對蔣的評價和如何處埋蔣氏銅像，時刻牽動著政黨鬥爭和族群對立。於是，「銅像集中營」的文創想法應運而生，人們將散布在臺灣各地的蔣氏塑像集中起來，安置在慈湖旁邊，對其不作價值評價，僅用於觀光旅遊，特別是吸引來自對岸的遊客——這似乎是一個目前可以讓各方皆大歡喜的「便宜之計」。

大部分臺灣的政治人物，人文素養和歷史縱深思維都存在相當的侷限，在面對轉型正義的難題時手腳無措。比如，被認為代表進步立場的柯文哲，在媒體問及如何處理蔣介石塑像時即指出，那些銅像留著就好，「這不是精神上屈服，是超越歷史，做自己的主人」。他還表示，不會故意去拆，因為「歷史就是歷史」。他反對破壞銅像的行為：「別人把想法加在我們身上，我們不喜歡，所以今天也不應這樣做。」

·銅像集中營

這種似是而非的說法，恰恰反襯出轉型正義的重要性。歷史並不是自然形成的，歷史是由人寫成的。那麼，誰掌握歷史的書寫權和闡釋權至關重要。銅像也不僅僅是銅像，銅像的背後當然有善惡、是非、對錯的價值評判。難道希特勒、史達林的銅像也是「留著就好」嗎？

冷戰時代，跟蔣介石最相似的一位「反共英雄」和民族主義者，是西班牙的佛朗哥將軍。西班牙進入民主時代之後，延遲了三十多年才全面啟動轉型正義的車輪。西班牙左派政黨社會勞動黨在二〇〇四年提出設立「歷史記憶法」的建議，二〇〇七年該法通過並實施。該法案明確規定，政府致力於清除佛朗哥給西班牙社會留下的各種痕跡，公共場合禁止出現含有獨裁政權的符號和標誌，旨在歌頌佛朗哥及其獨裁統治的紀念碑和雕塑都要拆除或改造，以佛朗哥名字命名的街道也將改名，佛朗哥紀念碑改成受害者紀念碑。國家設立歷史記憶檔案文獻中心，同時設置網站，公開所有資訊，供公眾查詢。

未來，臺灣必將邁出這一步。我相信，蔣介石銅像公園已成為歷史的一部分，如果臺灣完成轉型正義，公園裡的塑像亦不必悉數銷毀，公園裡還可容納更多塑像。當然，公園的陳設與布置需要更新與提升，可以邀請一流的學者、作家、思想家撰寫反省個人崇拜、批判獨裁暴政的導覽詞和解說詞，可以邀請一流的藝術家創作更多如同「傷痕與再生」，那樣充滿顛覆性和反思性的藝術作品。如此，這座公園將變成真正的「公民養成所」。◆

·《傷痕與再生》

慈湖蔣介石銅像公園

地址：桃園市大溪區復興路一段1097號
電話：03-3884437
參觀時間：每週一至週日 8:00-17:00

故園花草有誰憐？

霧峰林家萊園

在臺灣的五大家族中，霧峰林家被喻為「第一世家」。林家早在一七四六年就渡海來台，清末以軍功崛起，林文察與太平軍作戰，戰功彪炳，最後戰死於萬松關，清廷追贈太子少保。其子林朝棟協助劉銘傳與法國軍隊作戰，在獅球嶺擊退法軍，劉銘傳為表彰其戰功，將全台樟腦專賣權授予林家，林家藉此累積大量財富。而林家的另一支林文欽卻獨好文學，鄉試中舉，使得林家由武入文、以詩書傳家。林文欽生有二子，長子獻堂，次子階堂，其他尚有三位堂兄弟。在這五位堂兄弟中，以林獻堂對臺灣近代的民主運動、經濟、文學、教育及美術的影響為最大。林獻堂被譽為「臺灣第一公民」、「臺灣自治運動的領袖與文化的褓母」以及「臺灣議會之父」。

尋訪林獻堂的腳蹤，當然要到霧峰林家萊園。霧峰萊園與臺南吳園、新竹北郭園及板橋林本源邸園合稱臺灣四大名園。有趣的是，由林家經營的明台高級中學，就設在萊園之中，學校是園林，園林是學校，兩者融為一體。這所學校的學子們有福了，每天都生活在美侖美奐的景色中，每天呼吸著先賢的精氣與神韻。如果沒有美景與古蹟相映生輝的園林，這所學校就沒有了深厚的文化底蘊；如果沒有一群青春年少的學子，再美麗的園林也如遲暮的美人般寂寞！林家人擁有從林獻堂而來的寬廣胸懷，不把園林當作私家之禁臠，而是讓學子和公眾共同分享這一片如詩如畫的風景，這就是「獨樂樂，不如眾樂樂」，這也是林家萊園比其它名園更有活力和魅力的原因所在。

傳語王孫應好住，海隅景物勝中州

進入明台高級中學，董事長林芳媖女士前來接待我們。林董事長是林獻堂的孫兒媳婦，正是她和先生林政光經過不懈努力，讓祖父林獻堂創辦的萊園中學成功轉型為明台中學，林家重視教育的傳統得以發揚光大。

林芳媖女士介紹說，當年祖父實行多元化經營，包括土地開發、金融、麵粉、水泥、鳳梨工廠等，所獲得的豐厚利潤，三分之一留作家用，三分之一用於民主運動，三分之一用於教育，教育是林家永不捨棄的事業。

萊園處處是美景，處處是掌故。一八九三年，林文欽鄉試中舉後，為效法春秋時期老萊子彩衣娛親的孝行，建築了萊園。林獻堂之弟林階堂曾以「月明池影一樓靜，風動梅花隔崦香，香飄丹荔風三面，綠蘸清池水一奩」來形容萊園中五桂樓、小習池、荔枝島、飛觴醉月亭之風光。

萊園最美的景致在五桂樓一帶。五桂樓建成之初，為羅太夫人起居之用，一樓為起居室，二樓則是羅太夫人看戲的位置。戲台是位於對面湖水中央的「飛觴醉月亭」，戲班需乘坐小舟上亭，方能演出。如此精巧的設計，宛如北京頤和園和北大燕園之石舫。

「五桂樓」一名，得自樓前種植的五棵桂樹，代表著先人對於頂厝五位堂兄弟（紀堂、烈堂、獻堂、澄堂、階堂）富貴騰達的期望（「桂」音同「貴」）。也有文獻記載，此名取自三字經中「竇燕山，有義方，教五子，名俱揚」的典故。

五桂樓聲名大噪，乃是因為中國近代啟蒙思想家梁啟超應林獻堂之邀訪台時曾在此下榻六日。雖然只有短短六天，梁啟超一口氣留下四十二首詩歌和兩篇文章，其中有十二首詩歌專門詠嘆霧峰和萊園之景色。我是梁啟超的仰慕者和研究者，早就有探尋梁啟超在萊園足跡的心願。

在九二一大地震中，有一百多年歷史的五桂樓受到嚴重損毀，主體建築倒塌，只剩下三面牆。經過林芳媖等林家後人及社會各界的奔走努力，一年零八個月之後五桂樓修葺一新、重現風華。五桂樓內部一般不對遊客開放，那天主人特別開門讓我們進入二樓參觀。其主體建築採用臺灣特有的檜木，一入室內便聞見淡淡的檜木香，沁人心脾，神清氣爽。

大廳的牆上掛著梁啟超留下的墨寶，這裡是梁啟超當年下榻之處。一推開門，波光粼粼的湖水和岸邊

· 五桂樓

・上圖：從五桂樓上眺望飛觴醉月亭（照片由作者提供）

・右下圖：萊園與學校

的楊柳便躍入眼簾，小巧玲瓏的飛觴醉月亭，宛如一艘小舟在湖心飄蕩，湖光山色盡收眼底，比起倔促細膩的蘇州園林來更顯開闊自然，難怪梁啟超即席賦詩曰：「娟娟華月霧峯頭，氾氾光風五桂樓；傳語王孫應好住，海隅景物勝中州。」

五桂樓見證了梁啟超與林獻堂的深厚友誼。在霧峰停留期間，梁啟超勸告林獻堂「不可掛以文人終身，須要努力研究政治、經濟以及社會、思想等學問，並即席開列日本書籍三十餘種，以後又陸續開列，計達一百七十餘種，都是東西的名著」。梁啟超還賦詩勉勵林獻堂參與地方政治：「溪紗浣罷月華明，荇帶蒲衣各有情。我識藍田千澗誰，出山原似在山清。」梁啟超借用杜甫「在山泉水清，出山泉水濁」的典故，鼓勵林獻堂積極推動臺灣的民主運動。在梁啟超的影響下，林獻堂日後發起撤銷「六三法案」運動，開展議會設置請願運動，設立臺灣文化協會，創辦《臺灣民報》，組建臺灣民眾黨，成為臺灣民主運動當之無愧的領袖。

從「不才之木」到「迷惘年代的掌燈人」

從櫟社到臺灣文化協會，這些盛極一時的臺灣文化團體都將萊園當作活動基地，萊園的歷史也是臺灣近代文化史的縮影。

臺中櫟社，與臺北瀛社、臺南南社鼎足而三，是當時影響力最大的三大詩社。詩社以櫟為名，因為櫟木為低海拔地區生長的樹種，木質柔軟、凹凸不平，沒有什麼用途，櫟社同仁以「今夫櫟，不才之木也」自命，謙稱「周餘同是老遺民，局外毋嗤無病呻」。

萊園內仍保存有「櫟社二十年題名錄」之石碑，由林幼春撰寫的《櫟社二十年間題名碑記》，是臺灣國文課本中必選的篇章。作家吳濁流在《回顧日據時代的臺灣文學》一文中曾說：「我入櫟社之後才知舊讀書人……骨子裏，漢節凜然。」

櫟社同仁不認同日本統治，對於變節者毫不苟且。在這個立於一九二一年的石碑上，所錄之櫟社同仁的名單，尚有連雅堂（連橫）的名字。一九三〇年三月二日，連橫在日本人御用報紙《臺灣日日新報》上發表〈新阿片政策謳歌論〉，一時輿論大嘩。林獻堂在日記中寫道：「連雅堂曾在《台日》報上發表一篇（文章）說……吸阿片（鴉片）者為勤勞也，非懶惰也；為進取也，非退步也。……昨日槐庭來書，痛罵其無恥、無氣節，一味巴結趨媚，請余與幼春、錫祺商量，將他除櫟社社員之名義。余四時餘往商之幼春，他亦表贊成。」櫟社隨即召開會議，決定開除連雅堂之會籍。此後，連橫和兒子連震東到日本人開辦的《昭和新報》任職，撕下面具，徹底落水。由此可見，櫟社同仁堅守嚴格的價值和道德標準，視人品重於文品。連橫縱然才華橫溢，一旦淪為日本殖民者之走卒，立即遭到林獻堂之「割蓆斷袍」。

由於林獻堂的領導和提倡，扭轉了臺灣文壇悲觀低迷的「遺老遺少氣」，為之灌注入一股凌厲活潑的新風。林獻堂本人雖然不是傑出的詩人和作家，但他所結交的人士，除了臺灣島內的文人雅士，還包括日本、中國以及西方的第一流知識分子。他周遊列國，視野開闊，每到一處都如饑似渴地接受新思潮。一九二六年，林獻堂遊覽歐美，僅在英國就停留整整九十天，對於英國人尊重女性的紳士風度讚不絕口。後來，他以日記為基礎編輯成《環球遊記》，在「臺灣人唯一的喉舌」的《臺灣新民報》連載一百五十二回，深受讀者喜愛，成為開啟臺灣人眼界的一扇窗戶。林獻堂的「文言文」顯有梁任公那種「筆鋒常帶情感」的新文體味道，文中對自由、民主的嚮往和身處殖民地「次等國民」無奈的悲痛，盈溢紙上。

林獻堂也意識到，臺灣人精神迷惘、信仰薄弱，若文化不能剛健創新，則政治上的獨立絕無可能。他在日記中寫道：「林和引現為東京基督教青年會主事，返台已三個月矣。八時張重芳與之來訪。談論人

· 上圖：林獻堂與霧峰林家特展海報（取自新聞資料）

· 左下圖：《林獻堂環球遊記》：臺灣人世界觀首部曲（取自新聞資料）

· 右下圖：林獻堂晚年旅居日本，終身再也沒有回到萊園（取自新聞資料）

慈霧峰林家萊園

地址：臺中市霧峰區萊園路91號
電話：04-23393071#223
參觀時間：每週一至週日 8:00-18:00

· 五桂樓迴廊

心之惡化，對於宗教之信仰漸見薄弱矣。」可見其對人心的重視。林獻堂引入新知，催化教育，但開風氣不為師。那個時代，臺灣各地詩社、文社皆以萊園櫟社馬首是瞻，尊稱林獻堂為「迷惘年代的掌燈人」。

若為自由故，「遁樓」即「萊園」

一九四五年，日本戰敗，臺灣劃歸中華民國統治。次年八月，臺灣社會賢達組織「光復致敬團」赴中國訪問，該團不但祭祀黃帝陵，也面見中國最高領導人蔣介石。在會面時，由林獻堂代表臺灣人士捐贈五千萬法幣。十月下旬，蔣介石赴臺灣巡視，再次接見林獻堂。對於中國之行以及與蔣介石的兩次會面，林獻堂不曾留下詳細的文字記錄，或許他擔憂禍從口出、禍及子孫。林獻堂長期堅持寫日記，一生留下二十七本日記，時間跨度從一九二七年到一九五四年，成為臺灣歷史上最重要的私人文獻之一。但吊詭的是，二二八前後三年的日記不翼而飛。

蔣介石巡視臺灣之後四個月，臺灣即發生慘烈的二二八事件，從此埋下省籍衝突的禍根。蔣介石巡視臺灣期間，洋洋得意於戰勝國領袖的地位，對經過日本統治半個世紀的臺灣民眾頤指氣使，未能觸摸到國民政府入台以來雙方的矛盾衝突已如火山岩漿般奔湧。國民黨貪官汙吏的橫征暴斂，使臺灣民眾對「回歸祖國懷抱」的歡欣鼓舞迅速變成失望和憤怒。林獻堂與蔣介石會面時，有沒有婉轉地向其諫言？或許，閱人無數、目光敏銳的林獻堂早已發現，蔣介石是一個比昔日的日本總督還要剛愎自用、專橫強暴的武夫，絕非善意溝通的談話對象，故而沉默不語。

一九四九年九月二十三日，林獻堂以養病為由，遠赴日本，從此再未回到臺灣，再未見到萊園風光。這位在日治時代不說日語、不穿和服的「大中華本位主義者」，卻從國民黨政權身上發現，所謂悠久博大的中國文化，只是善良的臺灣知識分子一廂情願的想像，醜陋、卑賤與殘酷才是中國文化的本質。

為了取得盟軍總部給予在日本的永久居留權，林獻堂掛名「臺灣民主獨立黨顧問」，獲得政治庇護。此後，蔣介石派出丘念台、鄭介民、何應欽等大員專程赴日本勸說林獻堂回台，都無功而返。曾與林獻堂情同手足的蔡培火多次到日本充當說客，兩人最後一次見面時，林獻堂將心裡話一吐為快：「危邦不入，亂邦不居，這是聖人的教訓，豈敢忘記。臺灣者，危邦、亂邦也！豈可入乎、居乎？非僅危、亂而已，並且毫無法律觀念，一旦我回台，豈不一任蔣氏生殺予奪之權？我若歸去，無異籠中之雞啊！」

一九五六年，林獻堂病逝於日本。歷史學者陳翠蓮在《百年追求：自治的夢想》一書中感嘆道：「這個他抵抗了大半輩子的母國——日本，竟然成了他晚年的庇護所！」林獻堂晚年的二十本書信集仍存放在日本，那是一筆尚未發掘的寶貴史料。林獻堂將晚年在日本的居住地取名為「遁樓」，從「萊園」到「遁樓」，可見其心靈的糾結與苦悶。但是，林獻堂一生的成敗並未轉眼成空，對他而言，哪裡有自由，哪裡就是萊園，即便狹小的遁樓，也能容納萊園的清風明月。

下課鈴聲響了，明台中學的學生們如一群飛鳥，飛出一間間的教室。有清脆的笑聲，有潔淨的臉龐，有飛揚的裙裾，有奔跑的步伐，頓時，萊園變得生機勃勃起來。半個多世紀之後的今天，林獻堂若地下有知，看到在萊園裡來來往往的少年學子，一定會倍感欣慰吧？◆

・左下圖：作者在五桂樓內參觀（照片由作者提供）

・右下圖：作者傾聽林芳媖女士介紹林家的歷史掌故（照片由作者提供）

臺灣省參議會的籌備
4月19日，行政院第740次會議決議派連震東為臺灣省參議會秘書長，負責籌備省參議會成立之一切事宜，包括選定會址、布置會場、發布通知、擬定議程，以及與省參議員間之溝通、協調等，千頭萬緒，著實不易，亦可見其辦事幹練週詳。
臺灣省參議會的成立

議院為國本之所在

臺灣省議會會史館及立法院議政博物館

在一黨獨裁的中國生活了半輩子的我，曾經訪問過十多個國家的議會，旁聽過議員們滔滔不絕的辯論，羨慕不已。在我那令人窒息的祖國，只有花瓶一般、只能舉手贊同的人大與政協。唯一的亮點是，每年春天開會時，各少數民族代表穿著花團錦簇的民族服裝表演「時裝秀」。我生活在中國的三十九年裡，從未投過一次票——包括選舉區一級人大代表。在中國，民意代表並不代表民意，個個如獨裁者的應聲蟲，中國什麼時候才能有真正的憲政和國會呢？

聽說，臺中有一個臺灣省議會紀念園區，園區內有兩個紀念館——臺灣省議會會史館和立法院議政博物館，我便一直心生好奇。在曾擔任過臺中縣長的廖永來和另外幾位朋友的陪同下，我來到這個環境優美、宛如公園一般的園區。區內小橋流水、鳥語花香，建築大都隱藏在林蔭深處，想必當年的議員們來此開會時，心情一定很愉悅。進入園區之椰林大道，頗類台大校園之椰林大道。每一棵椰樹下都有一個名牌，寫著栽種此樹的議員的名字。俱往矣，大部分議員都已遁入歷史，不為年輕一代所知，但他們栽種的椰樹已然樹影婆娑。

那些座位上的議員哪裡去了？

憲政思想在清代中後期從歐美傳入中國。當時，救亡圖存的知識分子將立憲和開國會當作醫治「東亞病夫」的一劑靈丹妙藥。清末思想家宋育仁說過：「政非議不成，議非眾不公。而民眾不能按戶而說，執途而語，故由民舉其能者賢者，代民達隱。陳其所利，除其所害，故議院為歐洲近二百年振興根本。自有議院，而君不能黷武暴斂逞刑，抑人才，進佞倖；官不能怙權固位，極法營私，病民蠹國。故風引景從，不崇朝而遍歐美。議院為其國國政之所在，即其國國本之所在，實其國人才之所在。」

可惜，中國的事情從來都是知易行難，人人都知道憲政很好，可憲政體制偏偏建立不起來。從清末的

· 臺灣省議會紀念園區

立憲運動，到民國初年的起草約法、國會選舉，再到南京國民政府時代的軍政、訓政、憲政三部曲，再到毛澤東拋出的「聯合政府」、「多黨合作」方案，說到底，都是統治者緩解統治危機、欺騙民眾的畫餅充饑。中國人長達一個多世紀的憲政夢，至今依然是遙不可及的海市蜃樓。

在彼岸的臺灣，民眾追求民主憲政的努力，同樣艱苦卓絕、屢敗屢戰。日治時代以林獻堂為首的臺灣地方議會設置請願運動，是臺灣民主之路上「千里之行，始於足下」的第一步。我們步入臺灣省議會會史館大廳，一眼就看到那幅臺灣議會請願代表團的合影，旁邊的題目是「臺灣民主政治的開端」。這場運動持續十多年，雖未達成目標，卻廣泛地動員和啟蒙了臺灣社會。

另外一張讓我久久凝視的是臺灣省參議會於一九四六年五月一日在原臺灣教育會館成立的照片。此處現為國家二二八紀念館，我曾多次前往參訪。戰後初期，中華民國政府在南京宣布行憲，與此同時，也在臺灣設立臺灣省參議會作為臺灣省最高民意機構，臺灣民眾參政議政的熱情一度高漲。然而，戰後成立的臺灣實際統治機關臺灣省行政長官公署權力過大——甚至大過日治時代的臺灣總督府，加上時局不靖，國民政府民主觀念淡薄，使得臺灣省參議會未能充分發揮其民意制衡行政之功能。二二八屠殺之後，它已名存實亡。

一九五一年十二月，臺灣省參議會改為臺灣省臨時議會。一九五八年，隨著臺灣省政府疏遷至臺灣中部，省議會也移往臺中縣霧峰鄉新落成的議事大樓。議事大樓就在會史館隔壁，是一棟仿美國國會山莊的圓頂建築，不過很多地方都帶有那個時代因陋就簡的特徵。門口一對「閉口」獅像，提醒議員不要像「閉口獅子」，應為民喉舌。

在戒嚴時代，由於中華民國政府為維繫其法統象徵，立法院、國民大會等中央民意機構長期無法改選，臺灣省議會的代議功能因而突顯。議場如戰場，許多擔任省議員者都在民主化進程中扮演過重要角色，如李萬居、郭國基、郭雨新、吳三連、李源棧等五名黨外勢力議員合稱「省議會五虎將」，又與許世賢合稱「五龍一鳳」。他們的那張合影，至今仍可讓人感受到當年的躊躇滿志、意氣風發。

一九九八年，中華民國政府實施精省，臺灣省政府失去原有的地方自治功能，臺灣省議會也同步裁撤，並於原址成立「臺灣省諮議會」，其主要工作為管理臺灣省參議會、臨時省議會、省議會時期之檔案、公報、議事錄以及從事地方自治事務的研究。

會史館位於朝琴館一樓，除了資訊區、聲音區、電子書展示區之外，還有一個趣味互動區。如果帶小朋友來參觀，一定很喜歡互動區。這裡有模擬議員宣誓的拍照立板，參觀者可以將自己的頭套入立板之中，拍出一張自己是一名正在宣誓的議員的照片。這不單單是一個小遊戲，更可讓孩子從小就明白：每一個公民都有可能成為議員，議員不是作威作福的官僚，而是為民眾服務的公僕。另外還有一個小小的空間，為模擬的議事台，參觀者一登上議事台，對面牆上立即隨機投射出省議員問政時的身影和聲音，讓人身臨其境。台上甚至有複製的議事槌，可以拿起來敲擊。

在會史館展出的資料中，我最感興趣的是一張在南海路原臺灣教育會館開會時省參議會議員的座次表。一九四六年四月十五日，全省十七縣市共選出第一屆省參議員三十名，加上後來中央遴選的省參議員六名，及增選的山地籍省參議員一名，合計法定名額三十七名。當時，每個議員都有固定座位，如林獻堂等德高望重者，座位在前排中間的最佳處。議員們以為回歸祖國，民主憲政的美好時代到來了，他們憑藉堅實的民意基礎，在會堂中慷慨陳詞、臧否時政，贏得旁聽民眾的熱烈掌聲。殊不知，他們的言論開罪了當道者，已然埋下日後的殺身之禍。

不到一年之後，二二八事變爆發。王添燈、林連宗兩位省參議員先後被捕遇害。參議員蔣渭川倉惶奔逃，僥倖沒有成為槍下遊魂，其未成年的孩子慘遭殺害。另外還有兩名省參議員被捕入獄，其他人多被通緝逃亡或從公共生活中隱退。在歷史學者李筱峰所著的《二二八消失的臺灣菁英》一書中，在二二八中遇害的制憲國大代表、市縣議員，還有張七郎、黃朝生、徐春卿、陳屋、李仁貴、楊元丁、黃媽典、

· 臺灣省議會會史館與館內

葉秋木、王石定、黃賜、盧炳欽、陳澄波、潘木枝等人，作者感嘆說：「那些在事件中被消除殆盡的社會菁英，如果能假以一個正常的國度，他們之中足可組成一個堅強的內閣。然而，他們竟遭此下場，實在是臺灣社會永遠無法彌補的損失。」國民黨在二二八事件中屠殺臺灣本土菁英，就如同蘇聯國安會（KGB）在卡廷慘案中屠殺波蘭的社會菁英一樣，以為打斷了一個族群之脊樑，就可以長久地奴役之。

我仔細端詳著這張標註著議員名字的座位圖，不禁想：那些失去主人的椅子，或許如同忠犬一般，等候著主人的歸來。主人妙語連珠、口吐蓮花，椅子卻無言、沉默、任由光陰飛逝。椅子無辜，稍後被迫接納新的主人。臺灣的民主憲政，要延宕四十多年，才能重新露出一線曙光。

這裡見證了解除解嚴的那一刻

省議會是省級立法機構，立法院則是中央級立法機構。立法院議政博物館與臺灣省議會會史館同在一個園區內，宛如交相輝映的姊妹花。當初，立法院關於設置該博物館的議案中指出：「議政史料為民主政治發展之最佳見證，本院為國家最高立法機關，居各級民意機關之首，亦有統合及保存所有議政史料之責，以展示及運用各項議政資料，並教育民眾，落實民主法治，故有成立議政博物館之需要。」由此，立法院議政博物館得以建立。

立法院議政博物館的展品更為豐富，其七大展區分別為：認識立法院、新世紀立法院、國會外交、國民參政會、王院長國會外交成果展、地方議政展、國民大會憲政史料展等。其中，最吸引我的一張歷史照片，是聯合報記者拍攝的倪文亞院長主持立法院院會通過解嚴案的場景。

依中華民國憲法第三十九條規定，總統依法宣布戒嚴，但須經立法院通過或追認。立法院認為必要時，得決議移請總統解嚴。另依戒嚴法第十二條規定，戒嚴之情況終止或經立法院決議移請總統解嚴，自解嚴之日起，一律回復原狀。然而，在白色恐怖時代，立法院形同虛設，國民黨以三大非常法制——戒嚴體法制、總動員法制、戡亂法制——作為套在臺灣人民頭上的三個緊箍咒。一切從戰爭考量的國家定位，使得臺灣戰後的法治建設，與民主國家背道而馳；戒嚴令以行政命令限制或剝奪人民的基本權利與自由，形成了世界最久的軍事戒嚴統治。

直到一九八七年，在國際國內情勢的壓力之下，國民黨當局宣布解除戒嚴。七月七日，經立法院決議，臺灣地區解除戒嚴；七月十四日，時任總統的蔣經國宣告，臺灣地區自次日零時起解嚴。此一宣告結束了臺灣近四十年的戒嚴狀態，自此邁入常態民主國家之新紀元。解嚴後，開放報禁和黨禁、國會全面改選、修憲等次第展開，民主化進程如同「兩岸猿聲啼不住，輕舟已過萬重山」。

然而，這間博物館內的陳述，對白色恐怖時代立法院的失職乃至助紂為虐，猶抱琵琶半遮面，輕輕一筆帶過。僅此一張宣布解嚴的照片，讓人隱約知曉還有那麼一段漫長的戒嚴時代。同時，對於立法院在當下臺灣政治生態中扮演的角色及缺憾，更是毫無反省與自我批判。也許，正因為它的地位是「中華民國唯一的國家級議政博物館」吧——級別越高，真話和反思精神就越少，似乎成為一個不言自明的鐵律。

今天的臺灣，有憲法和立法院，但憲政體制遠未成熟和穩固。立法院的功能「先天不足，後天失調」。在孫文當初異想天開的五權分立的架構之下，立法院和監察院分開設置，瓜分了本應統合在國會之中的立法與監察之權。以孫文的梟雄心態，當然不願有一個真正具備制衡力量的、礙手礙腳的最高民意機構。而繼承孫文權柄和法統的蔣介石、蔣經國父子，骨子裡更不是華盛頓、林肯式的崇尚民主價值的政治家，在現實的政治運作中，他們希望立法院只是一個象徵性的擺設。因此，長期以來，立法院在面對一院獨大的行政權力時，常常只能睜一隻眼、閉一隻眼，敷衍塞責、無所作為。

當代議制運作失靈且無法體現主流民意之時，臺灣的民眾尤其是年輕世代，遂挺身而出，高呼「自己

· 立法院議政博物館與館內

的國家自己救」，迫使立法院向主流民意低頭。面對國民黨企圖在立法院暗渡陳倉地通過《兩岸服貿協議》，大學生發起太陽花運動，闖入立法院，佔領平時代議士縱橫捭闔的議場；面對國民黨所推行的傷筋動骨、指鹿為馬的「課綱微調」，中學生發起反對運動，再度衝入立法院並包圍教育部，甚至有高中生林冠華如鄭南榕般以死明志。倘若臺灣的立法院能像歐美國家的國會那樣，有效制約少數有獨裁心思的政治人物的胡作非為，對於國家元首和政府首腦的「偏行己路」，該反駁就反駁，該彈劾就彈劾，民眾又何必以街頭運動的方式來「救國」呢？

所以，未來臺灣的憲政改革，最重要的一個環節就是讓「缺胳膊少腿」的立法院成為名副其實的國會，讓立法委員成為國會議員，讓這間「立法院議政博物館」也改名為「國會議政博物館」。◆

臺灣省議會會史館

地址：臺中市霧峰區中正路734號
電話：04-23311111
參觀時間：每週一至週六 09:00-17:00
（週日及國定假日休館，開放團體預約參觀）

立法院議政博物館

地址：臺中市霧峰區中正路734號
電話：04-22172900
參觀時間：每週一至五
09:00-12:00；14:00-17:00
例假日只限20人以上團體於參觀三日前預約申請（春節、清明節、端午節、中秋節不接受預約）

臺灣省
參議會時期
(民國35年~40年
臺灣省參議會的籌備
會的成立
臺灣省參議會第一屆第一次大會會場座位分配圖
臺灣省參議會第一屆第四次大會參議員合影 36.12.1.

228
二二八紀念碑文

如鹿渴慕溪水

嘉義二二八紀念碑及紀念公園

嘉義是二二八大屠殺中民眾死傷最慘重的地區之一，嘉義人在二二八大屠殺中的挺身抗暴、殞身不卹的表現，堪稱驚天地、泣鬼神，值得大書特書。國民黨軍隊在嘉義的殺戮極為慘烈，嘉義民眾的武裝反抗也最為激烈，雙方發生了好幾場宛如兩軍對壘的戰鬥，民眾死傷累累。同時，嘉義參與反抗的原住民在各縣市中也最多，比如，鄒族青年組成「高山部隊」，一度攻占當時臺灣最大的軍械庫「紅毛埤軍械庫」，所以後來遭致的報復也最為殘酷。

嘉義有關二二八的紀念地景也是在全臺灣各縣市中最多的。嘉義的二二八紀念碑、二二八紀念公園及紀念館，在全臺灣都有首創的意義。我到嘉義之前，就通過此前在臺南神學院結識的兩位學者王昭文、王貞文姊妹，與她們的父親、當年參與修建嘉義二二八紀念碑的王逸石長老聯繫上，請他為我介紹當初修建紀念碑時不為人所知的故事。

一座不惜付出生命來創建和守護的紀念碑

我與王逸石長老約定早上十點在彌陀路的二二八紀念碑會面。此地離嘉義市區有一段距離，當我乘坐計程車抵達時，王長老已駕駛機車到達碑座下。年逾七旬的王長老，在烈日下滿頭大汗，卻又充滿深情地凝視著紀念碑，那個場景讓我相當感動。

這個紀念碑位於被三條交匯的公路包圍的三角地點，空間相當偪促，形制也比我想像的小。王長老介紹說，原設計為四層樓高度，但因預定位置的彌陀路地基過小，故縮小規模為現今大小。紀念碑主體呈錐形，充滿碑身的「一九四七」與「二二八」字樣讓人一目了然，以單純直接的外觀凸顯昔日的肅殺氣氛。碑文有三面，分別是建碑經過、建碑精神和二二八事件簡史。

王長老告訴我，他於一九八九年六月四日（正好是天安門屠殺的日子），被任命為嘉義西門長老教會

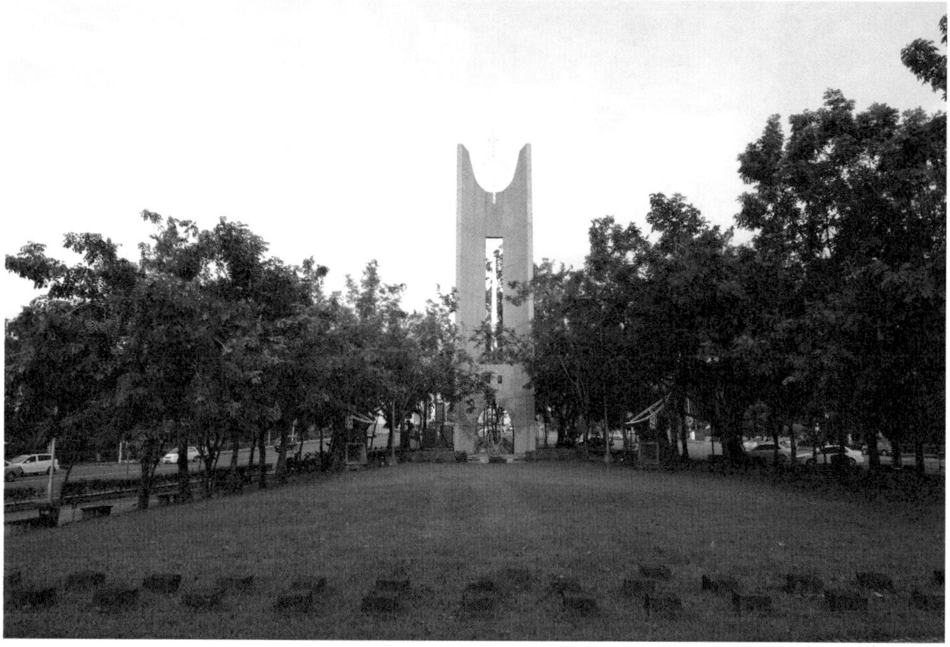

嘉義市二二八

228

・上圖：促成豎立嘉義二二八紀念碑的重要推手王逸石長老（照片由作者提供）

・右下圖：作者在嘉義二二八紀念碑前（照片由作者提供）

「社教主任」，全心投入關懷二二八受難家屬，並協助籌建首座二二八紀念碑的工作。

建碑工作由陳永興醫師倡導，並由有「民主畫家」之稱的詹三原負責設計——在此期間，設計師還因為參加遊行活動一度遭到關押，最後在困難重重中堅持完成了設計圖稿。建碑委員會發起募捐活動，有人願意獨自捐獻大筆資金，但委員會希望通過募捐活動促進理念傳播、吸納更多人參與，遂規定個人捐獻之上限為兩萬兩千八百元，這個數字也是對二二八的紀念。

設計方案確定，募款工作很快完成，但營造紀念碑的工程無人敢承接。這個燙手山芋交在長老教會手上。在國民黨威權統治氛圍尚未完全解凍的時代，長老教會是唯一敢於參與此類敏感事件的教會。王長老所在的嘉義西門長老教會迅速行動起來。紀念碑長達三十五尺的板模，是在教會的羽球場上製作的。由老木匠盧嘉音弟兄日夜趕工釘板模，施工建造則由張克平長老負責，連夜將板模組合、灌漿，然後用吊車運送到彌陀路現場豎立。當天，由於水泥尚未凝固，由九位牧師及多位地方人士通宵守備以防破壞，其中的艱辛難以言喻。

紀念碑開工破土之前，工人要求先做「禮拜」，因為惟有上帝能讓他們剛強壯膽。於是，由黃智鴻牧師主持禮拜，另有九位牧師參加，並以一本聖經奠基，表明「公義與和平必須建造在上帝的話語上面」。全臺灣突破禁忌的首座二二八紀念碑，終於在八月十九日呈現在公眾面前。

在王長老心目中，這座紀念碑就像他的孩子一樣珍貴。當年，他參與過二十四小時不間斷的值班看守。某些心懷不軌的勢力放言要破壞紀念碑，有人在夜間扔玻璃酒瓶碎片，或用油漆塗抹紀念碑表面，甚至出現暴力攻擊建築工人和承包商的事件。當事人不敢掉以輕心，每一環節都小心翼翼。一個嬰孩的誕生，母親需要經歷十月懷胎的苦楚；這座紀念碑的誕生，甚至比母親十月懷胎還要艱苦卓絕。

四大族群共飲生命之泉

接著，王長老又帶我去兩公里外的嘉義二二八紀念公園參觀。此處原來是一座軍營，嘉義市政府將土地要回來之後，準備規劃為一座公園。經過二二八難屬群體以及有心人的努力爭取，將此處規劃並建設為臺灣第一座二二八紀念公園，並在其中設置了一座頗具規模的紀念館。

嘉義二二八紀念公園的面積雖不如歷史更為悠久的嘉義公園那麼大，卻有樹影婆娑、花草繁盛，其間點綴著寓意深刻的各類雕塑和紀念碑，另外還有一座設計理念超前的紀念館。王長老介紹說，紀念公園和紀念館由成功大學建築系教授林憲德設計，其「看點」比臺北的二二八紀念公園還多呢。

紀念公園中最為醒目的建築，是高聳入雲的二二八紀念碑。這座紀念碑比彌陀路的更大，名為「鎮魂之碑」，仿臺灣原住民竹製口琴的形貌，中央裝設一副金屬風鈴，隨風發出清脆變化的鎮魂之音，彷彿在撫慰逝去的亡靈。這是臺灣第一座會發出聲音的紀念碑。當我傾聽著來自雲端的天籟之音時，不禁想起詩人李敏勇寫給殉道者鄭南榕的鎮魂歌：「在一首鎮魂歌中，在一幅殉難圖裡，在你的墓誌銘，在你的備忘錄，我們跨越時代追尋時代，我們憧憬自由追尋自由。」為什麼自由的獲得，總是要付出生命代價？從二二八受難者到陳文成、鄭南榕，再到反課綱微調運動中憤而自盡的林冠華，無不是以生命殉道。或許，惟有生命的消逝，才能喚醒早已麻木不仁的庸眾的心靈。

在紀念碑下方，有一組四隻臺灣梅花鹿共飲生命之泉的雕塑，讓我想起聖經中「如鹿渴慕溪水」的句子。鹿是我最喜歡的一種動物，牠那麼溫順、靈巧、敏捷和聰慧。臺灣山地多鹿，而鹿在多國的文化中都代表著吉祥與幸福。這組雕塑的四隻鹿，表情生動，動作各異，有的在安然享受甘美的泉水，有的吃飽喝足後就要躍入叢林，它們身體的某些部位，已被遊人和市民撫摸得光潔發亮。這四隻可愛的梅花鹿，隱喻著臺灣的原住民、閩南人、客家人與外省人等四大族群，在安祥和諧的環境中和樂共生的願景。

197　嘉義二二八紀念碑及紀念公園

周遭沒有遊人，我們可以安靜觀賞。我卻發現，園區內的植物似乎缺乏應有的照料，鹿的雕塑也有某種落寞荒蕪之感。王長老介紹說，按照原初的設計，旁邊的水槽中應當有潺潺流水，以及美麗的噴泉，四隻梅花鹿沐浴在水霧之中，動靜結合，更有魅力。可惜，現在整座公園疏於管理，噴泉停了，水槽也乾涸了，參觀者無法體會設計者的一番苦心。

公園內還有兩處特別要駐足欣賞的景點。一是紀念館入口處那一面約三十六平方公尺的青銅浮雕壁畫，刻畫著「十六世紀諸羅風情」。嘉義古稱諸羅，後來滿清統治時期才用「嘉義」這個充滿儒家天朝主義色彩的名稱取而代之。諸羅社是四百年前平埔族原住民的村莊，十六世紀是一充滿鹿群、山光水色的世外桃源。壁畫上充滿檳榔、甘蔗、香蕉、梅花鹿等臺灣風土動植物。人物則是阿里山附近的高山族、平埔族、漢移民正在進行土產交易的情景，旁邊還有鹿群正從甘蔗園跳躍而出。好一幅四百年前臺灣各族群間和平相處、動植物共生共榮的景象。

另一件是名為「諸羅年輪」的圖騰柱，全高十一公尺，由下而上描繪了當地歷史上五個標誌性的歷史事件：漢移民進入臺灣時與原住民的戰爭、荷蘭人向原住民榨取農作物、林爽文事件、日本軍砲攻打嘉義城事況以及國民黨軍隊在嘉義車站前槍殺民眾的二二八事件。這五幅圖畫不僅是嘉義歷史的縮影，從某種程度上說，也是臺灣四百年悲情史的縮影。看到這些血淚斑斑的場景，我良久默默無語，只能合掌默禱，盼望上帝的公義與慈愛早日醫治這片傷痕累累的土地。

誰讓紀念館淪為蚊子館？

紀念館的設計，從其側面看，宛如半埋入土的房舍，房頂覆蓋有濃密的草地，既符合綠色建築的特徵，更象徵著長期被掩埋的二二八事件的歷史真相破土而出。

當我進入紀念館時，卻大吃一驚：這裡僅有一名中年婦女看管，她自我介紹說是市政府工程處的員工，只是臨時在此照應，並不瞭解紀念館的情況。在臺灣其他縣市，此類紀念館一般由文化局管理並設置專業導覽，為什麼嘉義二二八紀念館卻由一位一問三不知的外行人員暫時照料？

室內數十間展廳，只開了一間，牆上稀稀落落地掛著幾張二二八受難者的照片及文字說明，此外再無其他實物和文獻資料。室內布滿灰塵和蛛網，看來平時沒有什麼遊客來參觀。其他房間更凌亂不堪，從窗戶望進去，桌椅板凳胡亂堆疊，宛如遭受一場地震或水災之後來不及清理的現場。

一流的硬體，若只有不入流的軟體與之配合，即便是最為輝煌的建築，也只能淪為蚊子館。研究藝術史的學者陳香君在其專著《紀念之外》一書中寫道：「館內的感覺就像遭到遺棄一般……像是一個為紀念嘉義地區二二八死難者的神聖但也被遺棄的聖壇。」她接著提出一系列追問：這座紀念館是一九九六年二月二十八日才建立的，而且是永久設置。為什麼一座建成後不久的紀念館，卻如此功能不彰，而且嘉義市政府也沒有任何建設性的介入？

這也是我的疑問。王長老神色嚴肅而凝重，他告訴我，此前他們負責營運這座紀念館，常有一流的展出和精彩的活動，吸引潮水般的市民前來參加。那時，館方特別準備給孩子和青少年的課程，讓他們對二二八的歷史有鮮活的認知。但後來營運權轉移之後，這裡的情況便每下愈況，以至到了今天幾乎荒廢之光景。王長老平時不願來此，看到這樣的境況內心沉痛，眼淚都會掉下來。

我想，讓這座處於夭折狀態的紀念館「鳳凰涅槃」，是嘉義市政府和嘉義市民的共同責任。僅有政府政策的傾斜、資金的注入、人員的配備是不夠的，更重要的是民間對歷史與記憶的重視。顯然，這不僅僅是嘉義一地的問題，陳香君也發現：「臺北的兩座二二八紀念館，也都未能引起更多民眾的興趣」、「它們原先所應扮演的角色應當是協助我們記住二二八事件，但它們自己卻好像成為集體記憶中被忘懷的東西」。她提出更為嚴峻的追問：「我很納悶為何在臺灣的人這麼容易就紀念完畢然後忘記了二二八

· 誰讓紀念館淪為蚊子館？

二二八紀念碑

地址：嘉義市彌陀路忠義橋橋頭

二二八紀念公園

地址：嘉義市東區大雅路二段695號
電話：05-2786228
參觀時間：每週三至週日 09:00-17:00
（每週一、二休館）

事件。是什麼內在和外在因素，在一九八七年以來形塑二二八文化記憶的過程中，刻意或非刻意地導致這種集體失憶？」

俄裔歷史學家安妮．阿普爾鮑姆在其巨著《古拉格：一部歷史》中探討了俄國社會普遍存在的失憶狀況，她悲哀地發現：「在當代俄羅斯，幾乎沒有人認為歷史是一種責任或義務，它根本不是。歷史是一場應當忘掉的噩夢，或者是一種應當無視的流言。」像一個巨大的沒有打開的潘朵拉盒子，它靜候著下一代。「這種失憶狀態，也給俄羅斯文明社會的形成，和法治國家的建設造成嚴重的後果——說白了，只要舊政權的醜行沒有受到懲罰，人們就不可能看到善良戰勝邪惡。」

這不也正是臺灣社會的現狀嗎？如果像安妮．阿普爾鮑姆所說的那樣，「對共產黨過去的歷史不承認、不懺悔、不討論，像石頭一樣沉重地壓在歐洲許多後共產黨國家身上」，那麼，在臺灣不也存在著相似的「對國民黨過去的歷史不承認、不懺悔、不討論」嗎？若干二二八的屠夫還在忠烈祠享受不絕的香火，其後人繼續炫耀祖輩和父輩的「豐功偉績」，並盤踞在臺灣人民頭上作威作福，比如彭孟緝、彭蔭剛父子。「忘記歷史，也就意味著拱手讓出未來」，經過以中學生為主體的反課綱微調運動之後，臺灣民眾是否能從「小確幸」中轉過頭來關注「大歷史」？

期盼下次再來的時候，嘉義二二八紀念館已經煥然一新。◆

那櫻花的鮮豔，是鮮血的顏色

霧社事件紀念公園

第一次去清境農場時，並不知道霧社事件紀念公園就在途經的山路邊上。第二次專程去拜訪，是為著寫莫那魯道的故事。電影《賽德克．巴萊》紅遍華人世界，莫那魯道這個被遺忘多年的英雄再度浮出水面。我看了這部令人熱血沸騰的電影之後，希望有一天能親臨事發現場向莫那魯道致敬。

霧社地處台島中心地帶，位於仁愛鄉大同村中部偏南、眉溪上游西岸台地上方，此地因常年山嵐霧氣裊繞，故名「霧社」。它是古代賽德克霧社群的活動空間與向外移動的門戶。日本統治時代被日人稱之為「櫻都」，每年深冬到初春之間，櫻花盛開，滿山遍野，美不勝收，其中以「緋寒櫻」為主，也有土生土長的霧社櫻及自日本引進的富士櫻等。霧社原本是一處世外桃源般的安寧祥和之地，卻因血腥的「霧社事件」以及日軍隨後的殘酷鎮壓，一度讓櫻花的鮮豔黯然失色。

莫那魯道是哪國人？

我們來時，已是櫻花落盡的盛夏時分，一入山便覺涼氣襲人，氣溫直降五、六度，中國承德的皇家避暑山莊亦不能與之相比。從車窗往外眺望，重巒疊嶂，漸入佳境，忽然看到山路邊上有一座白色牌坊，就到霧社事件紀念公園了。

沿石梯而上，躍入眼簾的是一尊莫那魯道塑像，雙手抱胸，腰跨長刀，如鷹之面龐，如虎之軀幹，與大山融為一體。

莫那魯道於一八八二年出生於霧社，是賽德克族馬赫坡社人，為馬赫波首領魯道鹿黑的長子。

清光緒二十一年，清廷在甲午戰爭中戰敗，被迫簽訂馬關條約，將臺灣及澎湖列島割讓給日本。日本佔據臺灣之後，在霧社大興土木，像奴隸般地驅使原住民到山上砍伐木材，修建武德殿和霧社公學校。原住民對新的統治者充滿怨恨。

碧血英風
典型足式
永垂青史
百戰忠魂千秋恨事
一朝義憤萬古馨香
抗暴殲仇九百人壯烈捐生長埋碧血

一九三〇年，馬赫坡社一位原住民舉行婚禮，日警巡佐吉村克己應邀參加。莫那魯道的長子想向吉村敬酒，向前與之握手，卻被吉村舉起警棍敲打，認為其手套被玷汙。頭目莫那魯道事後率眾攜酒前往吉村住處以示歉意，未料不被吉村接受甚至揚言呈報上級。偶然事件觸發了必然的結局，整個部落群情激憤，決議起兵反日。

十月二十七日清晨，日本人為慶祝據台三十五週年，在霧社公學校舉行一場運動會，能高郡守小笠敬太郎主持開幕典禮，周圍的日本人也都前來觀禮，一時熱鬧異常。誰也沒有料到，預先埋伏在操場內外的原住民，在莫那魯道一聲攻擊號令下，展開猛烈突襲，將運動場內一百三十四名日本人，不分男女老少，全部擊殺。

消息傳出，日本總督府大為震驚，迅速調遣臺中、花蓮之步兵，分為兩路攻進霧社。莫那魯道率領眾人退守馬赫坡，利用絕壁地勢與日軍作戰，使日軍損失慘重。日軍眼看圍剿不利，派出飛機投擲毒氣彈。原住民則以獵槍、柴刀、木棍等原始武器，對抗飛機大砲，經二十四天的持續戰事，死傷慘重。賽德克婦女為了讓勇士們無後顧之憂，紛紛上吊自縊。

見事不可為，莫那魯道命其妻子自縊，然後槍殺孫子，遁入深山。他的兒子達多莫那率領殘餘勇士，在馬赫坡岩窟奮戰到底。最後，這批勇士依賽德克族戰士傳統，高唱祖靈歌，跳祖靈舞，舉槍自殺。

事件平息後，日人遍尋莫那魯道遺骨不獲。一九三三年，入山打獵的道澤群獵人在斷崖裡尋獲其遺骸，其後存放於臺北帝大，供作研究標本。一九七三年，國民政府將保存於臺灣大學人類學系標本館的莫那魯道骨骸歸還家屬，並擇於霧社起義日安葬在霧社事件紀念公園。

我敬仰莫那魯道領導的這場「絕望的抗戰」，但我並不欣賞國民黨當局豎立的「碧血英風」及「忠肝義膽」牌坊。牌坊兩邊的對聯為「百戰忠魂，千秋恨事；一朝義憤，萬古馨香」及「抗暴殲仇九百人壯烈捐生長埋碧血，褒忠愍難億萬世英靈如在永勵黃魂」，從字面就可以看出，國民黨當局企圖用儒家觀念闡釋和規訓莫那魯道的反抗，將其納入中國大一統歷史敘事以及楊家將、岳飛、文天祥、史可法的英雄序列之中。此種忠烈祠式的歷史書寫（國民黨果然將莫那魯道送入忠烈祠，只差沒有賜漢姓為蔣了），卻與莫那魯道本人毫無關係。

莫那魯道究竟是哪國人？他不是清國人，滿清統治臺灣時，也曾如日本人那樣屠殺山地原住民，皇帝並不將原住民當作臣民來珍惜，原住民也不曾向滿清皇帝效忠；他不認同日本人的統治，進行以卵擊石的反抗，當然不會認同像李登輝那樣的以做日本人為榮的心態；當然，他更不是中華民國國民——二十世紀三〇年代，中華民國認可日本對臺灣的統治，並在臺灣設立外交機構，從未想過要解救在日本統治下「水深火熱」的「臺灣同胞」。所以，莫那魯道不是為國家認同而戰，而是為自己及本部落的自由而戰。他沒有現代人權觀念，卻深知捍衛本部落的歷史傳統與生活方式的重要性。這樣的戰鬥最為純粹、也最為悲壯。

讓莫那魯道回歸其歷史情境之中，擺脫被各種意識形態利用和消費的命運，才是對其最好的尊重與紀念。正如臺灣資深媒體人朱建陵在臉書上所說：「看《賽德克．巴萊》，當莫那率領族人抗日時，同屬賽德克的道澤社加入日本陣營，協助狙殺莫那。看到這個段落，猜測多數人腦袋的反應和我一樣，『漢奸』兩個字冒了出來。後來知道，對原住民部落來說，既沒有『中國』的概念，也沒有『我們臺灣』的概念，甚至沒有『我們原住民』的概念，他們的概念就是『部落』，而彼時，莫那對道澤部落首領的威脅，更甚於日本人。所以，道澤部落不是『漢奸』，他們從來不是漢人。不是『台奸』，閩南人和他們比，算哪棵蔥。也不是『原住民奸』，因為還沒有『原住民共同體』的概念產生。要說的是，歷史的包容，需要學習。」多年來，莫那魯道身上被塗上了太過厚重的油彩，早已面目全非，需要用山泉細細洗滌，才能讓其恢復原貌。

他們不是「山胞」，他們是真正的臺灣人

在霧社事件紀念公園中，除了莫那魯道塑像及墓地之外，還有一組霧社原住民抗日群像雕塑，共有五個人物及一隻獵狗。五個人物，有男有女，有老有少，有手持標槍的勇士，有奮不顧身的母親，也有正舉起石頭的少年。

更讓我矚目的，是一塊高達數米的「霧社山胞抗日起義紀念碑」，題字出自當時的臺灣省主席黃杰之手。一九五三年，國共隔海對峙，局面相當緊張，霧社地區為了挖掘防空壕，於現今之霧社郵局後方挖掘骨骸二、三十具。每具骨骸雙手雙腳都以鐵絲繫之，頭骨分開，又發現五寸長的皆已生繡的鐵釘，三尺長五寸寬的木材已腐爛。據研考認為，此骨骸為被日人槍殺的一百零八名霧社原住民。國民黨政府隨後在霧社西南角觀櫻台上建立紀念碑，題名「霧社山胞抗日起義紀念碑」。

「山胞」是一個帶有威權時代種族歧視烙印的詞語，在今天的臺灣已棄而不用，改為四大族群之一的「原住民」，正如美國近年來不再使用種族歧視時代「黑人」這一稱呼，而代之以更為中性的「非裔美國人」一樣。

當時，霧社事件發生之後，佔臺灣人口中絕大多數的漢人社群對此有何反應？我特意查考有關資料，發現在霧社事件發生後第四天，以蔣渭水為首的民眾黨即在「臺灣新民報」上報導事件之原委，並對日軍使用毒氣彈的暴行提出抗議。民眾黨向日本拓務大臣等拍發電報，提出關於霧社事件的四點意見：一、警察對番人剝削、殘忍處罰造成霧社事件發生；二、請速免去警務局長、臺中州州知事等人之職；三、保證番人生活自由，不阻礙民族發展的政策為宜；四、徹底改革警察制度弊害。

一九三一年一月，民眾黨在其綱領中納入「反對一切妨害番人民族自由發展」條文，亦向總部位在日內瓦之國際聯盟，抗議「日本使用毒瓦斯屠殺臺灣霧社人民」，將此次慘絕人寰的種族屠殺呈現到國際

霧社原住民抗日群像

社會上。在國際輿論的壓力之下，日本內閣不得不正視此問題，將其轉成日本中央政治事件。不過，這也使得日本總督府勃然大怒，隨後宣布查禁臺灣民眾黨。

在這裡，雖然臺灣民眾黨使用「番人民族」這個古已有之、有歧視色彩的說法指稱原住民族群，但他們特別強調要保障其自由發展權，這是一種在當時相當進步的現代自由民主觀念。八十多年之後，馬英九居然對原住民說「我把你們當人看」，比起蔣渭水等先賢來，他潛意識中傲慢無比的漢族中心主義讓人齒冷。

從被集體屠殺的霧社原住民的遺骸上，可以發現日本統治臺灣相當殘酷的一面。在鎮壓了不同族群的臺灣人的武裝抗爭之後，日本轉入以文治為主，悉心經營，頗有成效。多年以前，我還沒有到過臺灣時，在中共長期仇日教育下長大的我，無法理解李登輝「我曾是日本人」的說法，以及老一輩臺灣人對日治時代的懷念。而當我到臺灣好幾次之後，逐漸能體會這種懷舊情緒與歷史經驗。相對而言，日本統治臺灣的某一段時期是「較為良性的殖民」——然而，它仍是殖民，既是殖民，就有相當程度的非正義性。莫那魯道及其部落遭遇滅頂之災，即為這種非正義性的證據之一。

站在客觀中允的立場上肯定日本治理臺灣半個世紀的某些成就，無可厚非；但過於溢美日治時代，以之為「幸福生活」，甚至產生「臺灣回歸日本統治」的政治理念，則大可不必——那個時代的臺灣居民，仍然是日本帝國的「二等公民」，並不被日本人引以為同類。韓國也曾被日本吞併，但韓國人不會以曾經是日本人而感到驕傲。與之有過相似的被殖民的歷史經驗的臺灣，卻有不少人對日本的殖民統治感恩戴德，這並不利於建構臺灣的主體意識，這也是我無法認同李登輝的某些過於媚日的言論的原因。

昔日殺戮之地，今日有孩童奔跑

對於弱者來說，以暴易暴不是救贖之道。當我在電影《賽德克·巴萊》中看到原住民戰士無差別地殺戮日本婦女和兒童的鏡頭時，很難為這些過於血腥的場面叫好。跟日本人用先進武器屠殺山地部落的暴行相比，這種原始殺戮同樣讓我厭惡——雖然這是弱者向強者孤注一擲的攻擊，但手無寸鐵的婦孺在手持武器的戰士面前，又是另一個層級的更弱者。你總不能說，這些婦女和兒童是侵略者的家人，所以罪該萬死吧？

以暴易暴的結局，換來的是升級的暴力報復。此後，日本人首先將原住民作「非人化」處理，接著肆無忌憚地使用毒氣彈。無論是將原住民、中國人，還是日本人，進行某種「非人化」處置，都是一種邪惡的思想模式。

美國學者大衛·利文斯頓·史密斯在《非人：為何我們會貶低、奴役、傷害他人》一書中，深入分析了人類歷史上根深柢固的「非人」的意識形態，他指出：「當我們想傷害一群人，非人化就會發生，但是我們又深受禁令束縛，不能傷害他們。非人化是顛覆這些禁令的手段。對一個要被非人化的群體來說，他們必須被看作一個有著獨特種族本質的種族。這種種族本質隨即被等同於亞人類本質，因此激發他們是亞人類動物的觀點。非人化的功能就是逾越犯下暴力行為的禁令。」

作者進而認為，種族一說純屬子虛烏有，「純屬人類的建構」，惟有破除種族主義和民族主義，人類才能杜絕將自己之外的生命存在當作異類來敵視和仇恨的悲劇，取而代之的是將其當作己類或同類來憐憫和愛。在此意義上，我反對中國的大中華主義及天朝史觀，同樣也不認同某些極端台派打造血緣意義上的「臺灣民族」和狹隘封閉的「臺灣民族主義」的企圖。我對種族毫無興趣，我只熱愛自由、人權等上帝賦予整個人類的普世價值。

・上圖：昔日殺戮之地，今日有孩童奔跑

・下圖：作者在霧社原住民抗日群像前（照片由作者提供）

跨過霧社事件紀念公園下方的公路，沿石梯往下走五分鐘左右，就是深山中的校園——仁愛國小，其前身就是當年專供日本人子弟就讀的「霧社尋常小學校」。校園掩映在濃密的樹林之中，沒有圍牆，也沒有大門。孩子們有的在操場上奔跑，有的在教室裡高聲朗讀。當我們從走廊邊走過時，有調皮的小孩從窗口伸出頭來向我們微笑。誰能想像，八十多年前，就在附近發生了連孩子也倒在血泊中的屠殺？

但願，霧社、臺灣乃至整個世界，不再有殺戮、不再有仇恨；但願，霧社、臺灣乃至整個世界，有愛和寬容，孩子們在樹木與花草間奔跑著長大，如此快樂、如此幸福，如《聖經》所說：「必有公義的日頭出現，其光線有醫治之能。你們必出來跳躍如圈裡的肥犢。」◆

霧社事件紀念公園

地址：南投縣仁愛鄉仁和路（台14線上）
電話：049-2222106（南投縣政府民政處）

抗日烈士余清芳紀念碑
忠義可風

那一顆向高牆飛去的雞蛋

余清芳抗日紀念碑公園

日本作家司馬遼太郎在《臺灣行腳》中說過：「我認為把別人的國家當作殖民地，就像在壓碎相當於背脊的民族自尊心一般，這樣的行為，是國家最大的惡。」這，是不是作為日本人的作者，對於日本昔日對包括臺灣在內的亞洲各國實施殘酷的殖民政策的反省呢？殖民固然有「良性殖民」和「惡性殖民」之區分，但任何一種殖民都會給被殖民者帶來傷痛與壓抑。

在過去的四百年裡，臺灣始終未能擺脫被走馬燈式的外來強權先後殖民的悲劇境遇，臺灣人從未有過主宰自身命運的機會。司馬遼太郎形容為「場所的悲哀」，這個詞語道出了臺灣這個場所的邊緣性所釀出的悲哀，以及身為臺灣人的悲哀。但是，並非所有的臺灣人都是逆來順受者和俯首帖耳者，無論是作為山地民族的莫那魯道，還是作為平地漢人的余清芳，他們曾為自由浴血奮戰，就好像電影《英雄本色》中為自由獻出生命的蘇格蘭勇士華勒斯那樣，戰鬥到生命的最後一息。

西來庵事件，又稱余清芳事件、玉井事件、噍吧哖事件，是發生於一九一五年的武裝抗日事件。西來庵事件是臺灣日治時期諸多起事之中規模最大、犧牲人數最多的一次，也是臺灣人第一次以宗教力量抗日的重要事件，更是臺灣漢人最後一次大規模武裝抗日運動。事後，日本人遷怒於事件肇始之地西來庵，將其焚毀。如今，與該事件有關的史跡，除了後來在臺南南化鄉興建的「忠魂塔」和「噍吧哖抗日烈士紀念碑」之外，最值得參觀的就是玉井鄉虎頭山的「抗日烈士余清芳紀念碑」。

芒果飄香處，屍骸相枕地

車行至玉井鄉，一路所見，全是碩果累累、壓彎樹枝的芒果樹。我們還專程到一家當地最有名的芒果冰店，品嘗現場製作的芒果冰，其美味比臺北永康街的芒果冰有過之而無不及。

在濃郁的芒果香味中，車慢慢駛上虎頭山。虎頭山，顧名思義，山形似虎頭，有一夫當關，萬夫莫開之險峻。難怪當過警察、有勇有謀的余清芳選擇在此處與日軍決一死戰。

停車之後，我們往山頂攀登。一百年前的哀鴻遍野、硝煙瀰漫，如今早已化為和風習習、芒果飄香。

一九一五年七月六日，余清芳發動反日起義。臺灣劃歸日本統治已二十年之久，日本殖民當局苛政猛於虎，並不能讓臺灣民眾心服口服。余清芳揭竿而起，追隨者甚規眾，遂率領數千教眾攻擊噍吧哖一帶（今臺南市玉井區）的日本官署，襲殺眾多日本官警及眷屬。日軍出兵鎮壓，義軍不敵，轉往虎頭山，倚天險建設堡壘，與日軍周旋。

日軍一方面仔細搜山，另一方面張貼告示，勸告投降者，可以不必處死。輕信者下山投降，卻被實施報復殺害。反抗者遂越發堅決。日軍久攻不下，乃用大炮搗毀附近的村莊，大肆屠戮無辜居民。僅八月六日的一次攻擊中，就有三百零九人被殺害。後來，日軍對俘獲的反抗者，取一竹竿作為標準，凡身高超過此竹竿者一律斬首，埋屍大坑之中。

最後，日本總督府將此次起義鎮壓下去。參與該事件者遍布全台各地，被捕人數多達一千九百五十七人。在臺南開設的臨時法庭中，余清芳等近九百零三人被判處死刑。余清芳於九月二十三日就義，得年三十七歲。此後，在日本國內與國際輿論壓力下，安東貞美總督以大正天皇即位為由，將四分之三的死刑犯特赦為無期徒刑，實際處死者為二百人。

日本統治者並非仁義和仁慈之師。根據史料記載，在兩軍對抗的數月之間，臺南及全島各地被屠殺的百姓可能高達數千乃至數萬人，大部分為並未參與起義的無辜平民。二〇一四年三月十四日，臺南市新化區發現三千多具骨骸，地方人士認為有可能是被害的噍吧哖抗日義士。當年，日本國會開會時，即有議員置疑臺南有戶籍的人口消失上萬，並嚴厲批評總督府不加節制的屠殺行為，甚至由此演化成一場倒閣政爭。那時，日本尚未進入一戰期間那種赤裸裸的法西斯體制，還略具近代以來向西方學習的三權分立的君主憲政模式，故而日軍在臺灣的暴行還有可能被「自己人」揭露和批評。

失敗的反抗者，仍然是榮耀的戰士

終於攀登到山頂，我已是揮汗如雨，高聳入雲的紀念碑出現在眼前。在紀念碑旁邊的觀景臺，可以俯瞰整個玉井鄉的全貌，山川房舍，一覽無遺。

紀念碑前面是一片開闊的草地和廣場，老人在漫步，孩子在奔跑，情侶在卿卿我我，好一派和平景象。

碑身四面所鐫刻之大字均為「抗日烈士余清芳紀念碑」，正面基座則為「忠義可風」四字。基座的背面鐫刻著《抗日烈士余清芳紀念碑碑記》，全文如下：

日據時期，本省同胞，基於民族大義，執干戈以衛鄉土，前仆後繼，多達四十餘次，其中戰鬥最激烈，犧牲最慘重者，當推余清芳烈士所領導之噍吧哖抗日事件。

烈士字滄浪，時人尊稱余先生而不名，乙未割台時，年僅十七，即投身義軍，奮勇與日軍周旋，事敗，復忍辱負重，遍歷窮鄉僻壤，宣傳抗日。又常進出齋堂，藉信仰說服信徒加入抗日行列，故噍吧哖之役，雖因事洩起事倉卒，仍能獲山區民眾之普遍響應。

烈士策劃之抗日行動，原有周詳之計劃，不期以同志羅俊被捕，乃被迫於民國四年八月二日提前舉事。當日以雷霆萬鈞之勢，聚殲下南庄派出所日警，乘餘威集結義軍於虎頭山麓，伺機進取噍吧哖支廳，日督聞警，急調日軍攜山砲會同日警大舉進攻，雙方相峙於虎頭山，激戰至為慘烈！日軍以傷亡慘重，竟遷怒無辜，肆意燒殺以洩憤。於是噍吧哖山區一帶，頓時哀鴻遍野，而我省同胞與敵偕亡之決心亦愈堅。

是役也，事雖不成，烈士亦以身殉！但其英勇不屈之精神，實足以驚天地而泣鬼神。於今國土重光，遊人每至虎頭山下，憑弔噍吧哖古戰場遺跡，緬懷先烈之英靈，常不禁滄然而涕下。烈士之血，自由之花。本縣為保存此一史蹟，前曾築塔樹碑於昔日首殲日警之地，用彰忠烈。今更勒碑銘於虎頭山，期使烈士英靈，與虎頭山並垂不朽。

此紀念碑興建於上世紀八〇年代，那時臺灣社會尚未解嚴，此碑文的思維方式和語言方式，均籠罩在國民黨宣揚的大中華民族主義觀念之下。碑文刻意賦予余清芳過度的現代民族國家意識，未必符合余清芳本人的真實想像和當初的歷史情境。

余清芳的反抗，或許更多出於個人的義憤。余清芳曾擔任巡警，因不堪忍受歧視性待遇憤而辭職。日治時代，臺灣人可以通過考試擔任公務員和警察，但比起同等條件的日本人來，總是低人一等，這種歧視性待遇讓許多臺灣人憤懣不平。這段經歷成為余清芳起義抗日的催化劑。不過，余清芳對此前統治臺灣的、更腐敗無能的清國並無歸順之心，從他自稱「大明慈悲國奉旨平臺征伐天下大元帥」就可看出，他倒是繼承了鄭成功反清復明的「漢族正統」觀念。不過，大明早已灰飛煙滅數百年，余清芳打出大明繼承者的旗號，只是虛晃一招。

那是一場註定會失敗的抗爭。一群烏合之眾，如何抵抗訓練有素、裝備精良的正規軍？日本作家村上春樹在領取耶路撒冷文學獎時表示：「在一座巨大堅實的牆和與之撞擊的雞蛋之間，我永遠都站在雞蛋這一邊。」余清芳等人挺身對抗強大的日本殖民統治當局，並提出「人民不分貧富一概免稅，也不受法律約束，享有絕對自由」的充滿近代無政府主義色彩的文告，或許也是一種「明知不可為而為之」的「雞蛋哲學」吧？余清芳和他的同仁未必多麼深刻地理解現代意義上的自由觀，但自由是人本能的需求。

西來庵事件結束後，臺灣人認識到由於軍事實力的懸殊，武裝抗日斷然不可行。民眾開始以和平方式

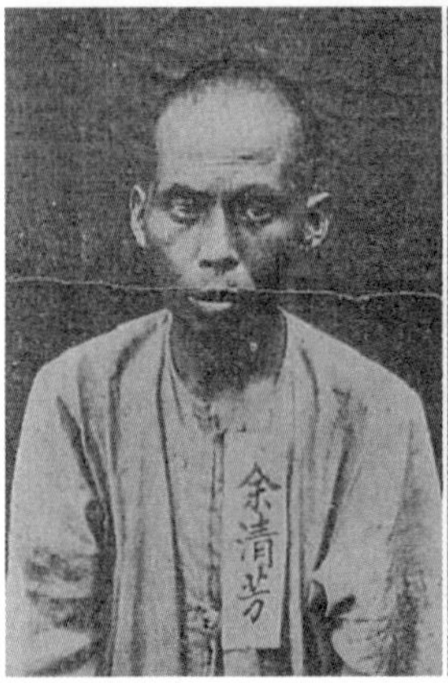

・下圖：余清芳在起義失敗後，被日軍處以極刑（取自新聞資料）

爭取民主與自治，從此由武裝暴力轉型為以社會運動與政治訴求的文化抗日運動。余清芳的時代落幕之後，林獻堂和蔣渭水的時代便揭幕了。

沒有新思想，何來新國家？

臺灣史學者李筱峰指出，從一九〇七年的北埔事件到一九一五年的噍吧哖事件之間，共十三次武裝抗日活動，多數時候參與反抗活動的農工階級，都是被社會邊緣人所煽動，而主事者在思想概念上仍未擺脫舊時代「易世革命」的觀念，尚未具備近代民族運動的性格。

從余清芳與傳統民間宗教齋教的密切關係就可以看出，這場暴動宛如中國的義和團，在指導思想及組織方式上均先天不足，後天失調，必敗無疑。

余清芳失去警察職位之後，無以謀生，唯有參與源於羅教、且混合釋老的齋教活動。他敏銳地意識到，可以借齋教及王爺信仰來宣揚其抗日行動。余清芳能言善道、口若懸河，以宗教方式催眠迷信者，宣稱臺灣日治時期已過廿載，氣數已盡，他是明朝羅教羅思孚老祖的嫡系法脈，受到五福王爺的扶乩神示，擔任「征伐天下大元帥」，可除去總督府，由他本人登基成為臺灣人的皇帝。這背後還是「皇帝輪流做，今日到我家」的帝王觀念。

余清芳的策略是一手軟、一手硬。軟的一面，用利誘攏絡人心，只要捐獻銀錢者，即可得到靈符，將靈符佩掛於身，並且力行齋戒，一心頌念真言，就可避免一切瘟疫、災害。余清芳設置多層次的「傳銷機制」，凡信徒皆可轉手兜售西來庵的靈符，個人可抽取每張靈符的三到五成價格。使信徒樂於轉手兜售靈符，不僅可以獲利，還可順便宣傳其教義。余還允諾信徒，革命成功後，會將所有日本衙門土地沒收，賜給參與革命之人，讓跟隨者擁有良田萬甲。這跟中世紀羅馬教廷賣贖罪券，以及孫文在海外發行

「革命債券」，倒有異曲同工之妙。

硬的一面，余清芳威脅恐嚇信徒說，他得到呂純陽祖師與劉伯溫先師之密法，有一「山中寶劍」，深埋土內，「及時拔劍一分長，便可一舉殺敵一萬，拔劍三分，殺敵三萬」。而且寶劍一出，天地震動，風雲變色，能感召中國燕京的袁世凱，袁將派遣無數北洋軍渡海，擊殺所有日本官吏與背叛漢人者。其實，那時袁的統治已搖搖欲墜，且窮於應付日本要他簽署《二十一條》之威逼利誘，哪有能力幫助臺灣獨立？那只是余清芳的望梅止渴而已。為了控制信眾，余清芳甚至逼迫參與者在玄帝與玄女神像前發毒誓，背叛者會遭到天譴而家毀族誅。

因被官府查獲有關名冊，余清芳倉促起事，以「大明慈悲國奉旨平台征伐天下大元帥余」名義發表《大元帥余告示文》。有趣的是，這篇告示多處抄襲唐朝駱賓王的《為徐敬業討武曌檄》——余清芳沒有意識到，他的敵人並不是一個中世紀的王朝，而是在政治、經濟、文化等各個方面完成近代化的日本帝國，他不可能用中國古代農民起義的方式達致改朝換代的結局。

此事件之後，日本總督府著手整飭臺灣形形色色的民間宗教信仰。安東貞美總督在會議時曾說：「義和團之亂已經是十幾年前清國的事情，為何今日臺灣還有此類的暴動？盲從暴動者至少也該知道，迷信是不能依賴的。這不只是我們統治的失敗，亦是教育的失敗。」之後，總督府展開更深入的宗教「慣習」調查，並在臺灣推行日本的神道教信仰。然而，各種劣質的民間宗教信仰仍然隱藏於與臺灣底層社會，樹大根深，難以撼動。

一百年前的余清芳事件，提供給今天的臺灣人豐富的歷史經驗與教訓：後人在紀念其「孤獨求敗」式的反抗的同時，亦必須認識到「沒有新思想，就沒有新國家」的歷史鐵律。摒棄星雲、慈濟等「權力依附型」的「現代佛教」、各種光怪陸離的且與地方黑勢力盤根錯節的民間宗教迷信以及支援威權政治、宣揚等級秩序的儒家文化，不再被這些思想和觀念的麻醉劑所控制，並完成以個人主義、自由主義、憲

政主義為核心的現代思想價值的轉型，臺灣方能有「新人類建設新國家」的願景。◆

余清芳抗日紀念碑公園

地址：臺南市玉井區虎頭山頂
電話：06-5741123（玉井區公所）

臺南神學院

地上的居民就學習公義

臺南神學院

臺南神學院是我在臺灣拜訪的第一家神學院。我先從《曠野》雜誌上認識了王昭文和王貞文，我們論及基督信仰與文化使命、社會公義之議題的文章，常常同時在這份小眾雜誌上發表。後來，在我訪台之時，她們邀請我去臺南神學院演講。在華人世界，很多教會、神學院和機構都刻意與我這個被中共定義為「國家的敵人」的人保持距離——他們擔心，因為我是中共不喜歡的人，與我來往，會影響他們在中國的宣教工作。理由冠冕堂皇，實際效果卻是：這些教會、神學院和機構，不約而同地以中共之好惡為好惡，不跟被逼迫的弟兄站在一邊，反倒隨著獨裁政權翩翩起舞。南神沒有這樣做，讓我心存安慰與感激。

剛剛抵達古色古香的臺南火車站，王昭文和王貞文便來接我。她們兩位一起出現時，我左看看、右看看，分辨不出哪個是昭文、哪個是貞文。她們是一對孿生姊妹，兩人都是神學家和作家，又都在南神任教，連學生都不一定分辨得出來。車行十多分鐘到了南神校園，古舊而謙卑的小門，連警衛都不設，跟中國那些大門宏偉、警衛森嚴、高牆聳立的大學截然不同。外面是車水馬龍的街道，一進入校園，卻彷彿進入一座中世紀的修道院，安靜而舒緩，真是鬧中取靜的一方淨土。

永遠的校長「巴爺爺」

昭文問我：「你知道臺灣的第一所大學是哪間大學？」

我回答說：「是臺灣大學嗎？」

昭文笑著說：「不是，是臺南神學院。」

然後，貞文將南神的歷史娓娓道來，聽得我津津有味。

一八六五年，英國長老教會差遣馬雅各醫生來台傳道。因有感於培養本地宣教人才之需要，於

・上圖：羅馬式的教堂

・左下圖：永遠的巴爺爺

一八六九年在臺南二老口醫館之禮拜堂開辦「傳道者速成班」。嗣後在臺南府城及高雄旗津（旗後）成立「傳教者養成班」。至一八七六年乃合併而創辦「臺南大學（神學校）」。這是臺灣第一個以「大學」命名的現代教育機構。

第一任校長為巴克禮牧師，學生只有十數名、教師三名、教室一座、宿舍一棟。巴克禮堪稱百科全書式的人物，一人講授多門課程，包括：出埃及記、羅馬書、保羅傳、算術、史記、寫真，各行星軌道的運行狀況，且有雜錄、論文等。

除了辦學，巴克禮還要處理各類傳教事務。一八八五年七月十九日，發生「二崙事件」。二崙（今屏東縣內）村民對客家信徒說，你們蓋教會的地點是龍的頸，在那裡蓋房子會毀村子，由此引發紛爭。巴克禮受派赴二崙解決此事件，卻未料到，禮拜日早上，大家正在聚會時，數十名暴徒包圍教堂並侮辱信徒，甚至以糞便潑得巴克禮全身。巴克禮溫和地對他們說：「朋友，你們這樣做太可惜，把它用在田裡稻子會長得更好。」這幾句話如同耶穌對那些無知者的悲憫：他們所做的，他們並不知道。

此後，在中法戰爭和中日甲午之戰時期，「大學」兩度於戰火紛飛中停辦。進入日治時代，秩序逐漸恢復，學校在百廢待興中重新開學。數年後學生數驟增，校舍不敷使用。巴牧師返回英國報告臺灣傳教概況，並期籌募資金。有一信徒私訪巴牧師，匿名捐助修建校舍的巨款。一九〇三年，新校舍修建完成。巴牧師一直擔任校長至一九二五年退休，扎根臺灣近六十年。

一九四〇年，太平洋戰爭爆發，日本政府對福音聖工的干涉日趨露骨，迫學校任用日人為校長，嚴重違背信仰自由、宗教獨立之原則。全校師生及長老教會決定「寧為玉碎，不為瓦全」，遂於九月忍痛閉校，男女生各十名轉學他校，含淚道別，此次停辦長達八年之久。從此一細節中可見，日治時代，臺灣的宗教信仰自由、學術自由和言論自由受到極大壓制，過於美化那個時代並不符合歷史事實。一九四五年，日本戰敗，臺灣劃歸中國。國民黨政權入主臺灣，統治無能，釀成二二八慘案，社會長期動盪不安。直到一九四八年，社會趨於安定，長老教會多方努力，方以「臺南神學院」為名復校。沒有巴克禮，就沒有南神。在南神校園內，有一尊巴克禮牧師之胸像。此前銅像曾安置在巴克禮樓的樓梯間，路過的學生常常伸手撫摸，並親切地呼喚「巴爺爺」，彷彿和藹可親的巴爺爺仍然生活在眾人中間。後來，銅像被移到室外，安置在當年巴克禮一手創辦的出版中心、也是臺灣第一份報紙的誕生地「聚珍堂書房」之舊址，背景則是新樓醫院大樓。在榕樹與翠竹掩映之下，老校長溫柔地微笑著，注視著一批一批風華正茂的神學生從身邊走過，然後奔赴各地福音的禾場。

巴克禮牧師故居的遺址也在南神校園內，在斷垣殘壁、紅磚褐土的廢墟中，依稀可見先賢篳路藍縷之艱辛。巴克禮身上敬虔、謙卑、嚴謹、堅韌等精神品格，深深地影響了南神的師生，也為臺灣長老教會的信仰打下堅固根基。數百年來，來自世界各地的許多宣教士都將臺灣當作一處迦南之地，從馬雅各、巴克禮，到「海岸山脈的瑞士人」，因著對上帝的愛而愛臺灣人，將生命奉獻給這座當初在地球儀上找了許久都沒有找到的島嶼。

神學的功用是讓人「因真理，得自由」

南神的校園，既有東方古典園林之美，又有歐洲修道院超凡脫俗的氣質。我在校友會館住過一晚，那裡安靜得可以聽見松針落地的聲音。南神沒有新奇而張狂的現代建築，全都是內斂沉靜的老房子，每一棟都讓人可以駐足細細品味。

在南神的建築中，最美的是禮拜堂。禮拜堂於一九五七年建立，歷史並不算久遠，其建築風格卻獨一無二。設計者為當時南神副院長、英國宣教士安慕理牧師，他根據母校劍橋威斯敏斯特學院禮拜堂的風格，結合臺灣本地的自然及文化特點，完成此中西合璧的建築。

我選爾命爾結實而實恒在則托我名求父者可賜爾

安慕理牧師在設計禮拜堂時，多採用羅馬式教堂的建築語彙，拱窗、圓拱柱廊、長形大廳、半圓的聖壇空間等，比起日本統治時期教會愛用的哥德式與巴洛克式建築風格，或是國民政府帶來的中國宮殿式建築風格，更接近原始基督教精神。禮拜堂的整個西正面分成五開間，中央的山尖較為突出，主入口頂部採取古典式希臘山頭門楣，入口處之上則採用臺灣基督教建築裡少見的玫瑰窗。

禮拜堂內有一台古老的管風琴，可容納三百人做禮拜。教堂正面的高處有三面精美的彩窗，中間為耶穌基督，左邊為彼得，右邊為保羅。彼得手持天國的鑰匙，其下有五餅二魚；保羅手持劍與聖經；耶穌基督居中間，頭上有光環，右手有手勢，左手持十字架。這三面彩窗是由傅明珠牧師娘的父母捐贈，他們在英國親自參加設計，並督工完成，送至臺灣安裝。臺灣島內很少見到如此古典而雅致的彩窗。

聖壇帷幕上，有一圈木雕的聖言，是《約翰福音》中我最喜歡的一段話：「非爾選我，乃我選爾，命爾結實，而實恆在，則托我名求父者，可賜爾。」基督信仰的真諦，就濃縮在這短短的一行字當中。

與一般的教堂不同，這裡既是南神師生做禮拜的地方，也是學生會的議會場，某些全校性質的演講也在此舉行。我有幸受邀在教堂內就中國的宗教信仰自由狀況發表演講，在教堂的穹頂之下演講，有一種莊嚴感和神聖感。講完之後師生提問極為活躍，完全不同於諸多神學院沉悶單調的氛圍。我想，神學院不應當是壓抑苦悶的，要讓每個學生流淌出活潑的生命，以接近上帝造人之初的美好。

禮拜堂與巴克禮樓之間的中庭，由安慕理牧師娘傅明珠的父親傅牧師建議，以一個水池為中心，以一個十字狀的通道，形成一個典型的羅馬式修道院的內庭十字花園。後來，南神將水池改為玫瑰花壇，故名「玫瑰花園」。這裡也是南神的中心廣場和學生們組織各種活動的地點。

我認識好幾位南神學生，他們是社會運動的積極參與者，而不是「兩耳不聞窗外事」的「桃源中人」。他們告訴我，他們的社會使命感，受南神老校長黃彰輝牧師影響。黃彰輝是一位具有原創性的神學家，其提出的「實況化神學」，強調神學不是坐而論道、乾枯的教條和學問，而是對抗專制、使人得自由的力量源泉。黃牧師任職普世教協所屬的神學教育基金會期間，協助亞洲、非洲、拉丁美洲的神學在二十世紀蓬勃發展；他也在海外參與發起臺灣人自決運動，讓世人認識到基督信仰中對人權的彰顯。

白色恐怖時代唯一可以大聲說話的校園

漫步在樹木花草鬱鬱蔥蔥的南神校園，與師生們一起追溯南神的抗爭史，我不僅想起挺身反抗納粹的德國神學家潘霍華在獄中所寫的詩歌：「弟兄啊，直到長夜過去，我們的破曉來臨，我們要堅定站立！」讓南神的師生最為自豪的是，在白色恐怖時代，南神是臺灣唯一一所師生可以公開批評國民黨而不必擔心被告密的學校。國民黨的情治部門視南神為眼中釘、肉中刺，想方設法在南神內部安排線人，約談若干師生，卻被堅守基督信仰的師生嚴詞拒絕。

早在一九五〇年代初，時任南神院長的黃彰輝牧師就已不見容於國民黨當局。有一個晚上，過了半夜以後，有一隊講北京話的秘密警察，到黃彰輝牧師的房子前敲門，說：「黃院長！」要他開門，黃牧師就開相通的門，到安慕理牧師那邊，經過短短的商量以後，決定以安牧師為應門者。安牧師站在陽台上，用北京話問樓下的五、六個人：「你們要幹什麼？」他們說：「有人要邀請黃院長去，要招待他。」安牧師說：「你們若要邀請他，為什麼半夜以後來呢？他不在！睡覺的時候，如此大聲，會影響四周圍的人睡眠！」但他們不聽勸告，講得越來越大聲，安牧師也不客氣地說：「我們這裡是外國人住宅地，你們如此無禮，我們需向英領事館報告，請他們向政府當局交涉！」他們在那裡叫囂約有三十分鐘才離去。此後數天，白天若黃牧師出去，安牧師一定與他寸步不離，如此才度過那段危機四伏的歲月。

一九七二年，當時的代理院長彌迪理牧師因為參與長老教會《國是聲明》的起草和傳播，被國民黨當

· 恐怖時代唯一可以大聲說話的校園

局取消居留權。在彌迪理牧師離境之日臨近之時，南神師生與教會會友在太平境教會為之舉行盛大的告別禮拜，並一起高唱讚美詩送他至車站。一路上隨處可見身穿便衣的國民黨特務，師生們大步向前、一無畏懼。在兩蔣統治時代，有多名任教於臺南神學院的西方宣教士，既是福音使者，又是人權鬥士，被國民黨政權驅逐出境。自稱基督徒的蔣介石對主內弟兄痛下殺手、毫不手軟，如何在上帝面前交帳呢？

南神遭遇的最大壓力是一九七七年。長老會就當時的社會狀況發表「人權宣言」，促請政府使臺灣成為一個「新而獨立的國家」。宣言發表後，作為長老會培訓教牧基地和思想庫的南神飽受壓力。

七〇年代末，黨外運動風起雲湧，黨外雜誌層出不窮。南神圖書館不顧當局的禁令，訂閱了多種黨外雜誌供師生閱覽。一九七九年「美麗島事件」發生，南神有多名師生捲入事件遭逮捕。

一九八七年，為聲援被控叛國的校友蔡有全，南神師生毅然停課，走上街頭抗爭。蔡有全早年從臺南神學院畢業，準備當牧師，後來在東海大學就讀社會研究所，參與社會運動，鼓吹台獨理念。蔡有全一度傳出被警總打到輸精管受傷，出獄後一輩子找不到工作。南神卻以有這樣一位校友而自豪，不因為他是政府眼中的「壞人」而與之劃清界限。與南神「與哀哭者同哀哭，與捆綁者同捆綁」的態度相比，中國北京師範大學在聽聞曾在本校求學並任教的劉曉波榮獲諾貝爾和平獎的消息之後，趕緊召開師生大會，不准大家談論傳播此事，此等舉動何等卑劣和猥瑣！

在太陽花運動期間，我又看到南神詩班的身影，他們唱出天籟之音，給在疲憊中抗爭的人們以極大的鼓勵，恰如《聖經．阿摩司書》所說——「惟願公平如大水滾滾，使公義如江河滔滔！」是的，臺南神學院不是一所普通的學校，在那裡，學習的不是只是神學，而是上帝的公義。◆

臺南神學院

地址：臺南市東區東門路一段117號
電話：06-2371291
參觀時間：假日及寒暑假

台籍國府軍
台籍解放軍

在我敵人面前，你為我擺設筵席

戰爭與和平紀念公園主題館

就自然風貌而言，高雄旗津海岸公園並沒有花蓮清水斷崖那讓人嘆為觀止的美麗海灘。我來這裡不是為了看風景和風車，而是尋訪戰爭與和平紀念公園主題館。

二次大戰前後，許多台籍青年因不同政權的徵召，而成為日本兵、國民黨兵及中共解放軍。他們不知為何而戰，也不知道為誰而死，至今亡魂仍無法返鄉，更未曾獲得相關補償，逐漸為歷史所遺忘。

中華民國原國軍台籍老兵暨遺族協會多年來積極奔走，希望以建碑的方式，紀念當時被徵召至中國及東南亞地區參與各項戰爭的台籍士兵，並給予合理的歷史定位。幾經周折，最終選定在高雄旗津這個許多台籍日本兵及中國兵出征的港口，面海興建「戰爭與和平紀念公園」及主題館，召喚戰死海外的台籍英魂，並為歷史留下見證。

戰爭與和平紀念公園主題館的外觀如同一扇敞開的貝殼，有點像縮小版的雪梨歌劇院，與周遭的碧海藍天相映生輝。其設計者為景觀建築與都市設計專家鄭自財，他也是一九七〇年「刺蔣案」的主角之一，以及「臺北市二二八紀念碑」的設計者。主題館的一面外牆以三名分別身穿皇軍、國軍、解放軍制服的軍人為意像，折射那個政權興亡的混亂時代，臺灣子弟兵所遭遇的歷史悲劇。

喪鐘為誰而鳴，臺灣人為何而戰？

這是我見到過最小的紀念館：只有一間小小的展廳，以及一位年輕的志工在照看，他就是高雄市關懷台籍老兵文化協會執行秘書謝宏偉。

麻雀雖小，五臟俱全，館內陳設無不精心布置，讓人駐足良久。進門處是兩塊雪白的展板，分別寫著喬治·歐威爾在《一九八四》中的兩句名言：「掌控現在的人掌控過去，掌控過去的人掌控未來。」後半句，用中國的古話反過來說就是：「欲滅國，先去史。」這座小小的紀念館的雄心壯志，就是要將歷

掌控現在的人掌控過去
大時代悲歌
掌控過去的人掌控未來
喬治.歐威爾,《1984》

史的闡釋權從強權者那裡奪回來。

在宛如公寓客廳般大小的空間內，凝聚了成千上萬台籍士兵的生命悲歌。在太平洋戰爭末期，日本兵源吃緊，強徵超過二十萬臺灣人充當軍人和後勤人員，其中有超過三萬人陣亡和失蹤。國共戰爭爆發之後，國軍頻頻失利而須補充兵源，國民政府在台徵召大批台籍國軍投入中國戰場。據不完全統計，台籍國軍有一萬五千人，大部分在徐蚌會戰（淮海戰役）中戰死，其中三千人被中共俘虜，一部分成為解放軍士兵。日本、國民黨、共產黨這三個政權都曾加害臺灣人，卻都欠臺灣人一聲道歉。

這些大時代裡生命如水中落葉般不由自主的老兵，每個人的經歷都比小說和戲劇還曲折離奇。在門口那三個比真人還要高的玻璃展板上，記載了三個平凡的台籍士兵的故事，身穿不同樣式的軍裝，年輕而單純，目光迷離，生死未卜。我定睛與他們對視，穿越時光隧道，領悟到他們內心無窮盡的困惑、哀怨和苦痛。

台籍日本士兵的代表為台東阿美族的史尼育唔，日本名中村輝夫，漢名李光輝。太平洋戰爭中，他加入日軍高砂義勇隊赴南洋參戰，一九四四年隨軍駐防摩羅泰島。美軍登陸後，日軍退入叢林進行游擊戰。一九四五年八月十五日，日本投降，在孤島叢林中的中村輝夫全不知情，靠著野外求生技能繼續躲藏。他蓋了一間竹屋，自己耕種，偶爾也獵捕野生動物，就這樣度過了三十一年魯賓遜漂流荒島般的生活。一九七四年，他被島上居民發現，這才知道戰爭早已結束。次年，他搭乘中華航空公司班機，回到中華民國統治下的故鄉臺灣，四年之後即患肺癌去世。

台籍國軍士兵的代表是梁啟祥，他是鹿港人，十六歲報考日本海軍工員，在日本海軍第六十一航空廠擔任工員。戰後，有感於兵役制度即將變革而從軍，加入國軍七十軍，擔任三八野砲砲兵。國共內戰中，他隨著國軍行走中國各地，有幸死裡逃生，一九四九年因回台奔喪結束軍旅生涯。

台籍解放軍士兵的代表為都蘭阿美族的廖清志，他早年受日本的軍事訓練，後來加入國軍參加國共內

· 上圖：作者參觀紀念館內的文物（照片由作者提供）

· 左下圖：作者訪問戰爭與和平紀念館（照片由作者提供）

· 右下圖：作者與紀念館志工謝宏偉合影（照片由作者提供）

戰，兵敗被俘。他又被收編入解放軍，但毛澤東並不信任前國民黨軍人，韓戰爆發之後，正好將這些不是「根正苗紅」的軍人送上韓戰戰場當炮灰，這是何其惡毒的借刀殺人之計。大部分國軍中的台籍士兵就這樣被消滅了，偏偏廖清志命不該絕，在韓戰最為慘烈的上甘領戰役，他擔任尖兵排排長，是少數倖存者之一，成為戰鬥英雄，受毛澤東的親自接見和表揚。

有些命運多舛的台籍老兵，同時經歷了日本士兵、國軍士兵、解放軍士兵以及美軍戰俘、反共義士等多種身分的轉換，在太平洋戰爭、國共內戰、韓戰、金門戰役等不同的戰場上浴血奮戰，卻茫然不知自己究竟是誰。

在殘酷的國共內戰中，台籍士兵們陰差陽錯地扮演了不同的角色。國軍二十一師是二二八事件來台在基隆港鎮壓臺灣人的部隊，惡名遠播，加入此軍隊的臺灣人較少。而被編入國軍七十軍的台籍士兵，在被中共解放軍俘虜後編入共軍，其中有一些人知道二二八的真相，後來在上海與二十一師對戰時，以報仇雪恨的心態，狠狠追殺對方的潰兵。殊不知，二十一師中也有少許臺灣兵，最後遂演變為台籍兵互相殘殺的慘劇。

國共內戰結束後，有的台籍士兵又被派往北韓參加韓戰，有人在韓戰中被美軍俘虜，選擇回故鄉臺灣，返台後又變成被處處防範的「反共義士」。而那些滯留在中國的人，則要面對文化大革命等暴風驟雨式的政治運動，被貼上「日本軍閥殘餘分子」、「國民黨特務」、「臺灣間諜」、「黑五類」等名號，遭到批鬥或送到中國邊疆地區勞改，許多人屍骨無存。

其中有一名台籍士兵是竹東客家人彭添福，於一九四七年隨國軍整編七十師一部，在山東遭共軍俘虜後，編入共軍劉鄧（劉伯承、鄧小平）軍團，兩年後在徐蚌會戰中轉頭與昔日國軍同袍作戰。戰後，他落腳泉州五十載，藉著泉州能偷聽臺灣廣播之便，晚上蒙著被子哭，一解思鄉之情。他如此哭訴說：「毛澤東和蔣介石搶當皇帝，拿我們當砲灰！」一句話道盡時代的無奈和獨裁者的無情。臺灣人擁有超過四百年的近代歷史，生為臺灣人不僅無法為自己的國家奉獻，而且連選擇的權利和自由都沒有，還有比這更悲哀的事情嗎？

柯景星的故事：臺灣版的《辛德勒名單》

館內的其他區塊，還展出了關於日軍看護婦、看護助手、臺灣少年工以及慰安婦的豐富史料，讓人更為立體地體驗到太平洋戰爭帶給臺灣的創傷。除了少數野心勃勃的獨裁者之外，沒有人熱愛戰爭，所謂「憑君莫話封侯事，一將功成萬骨枯」、「可憐無定河邊骨，猶是深閨夢裡人」。但是，單憑善良的意願，不能阻止戰爭的爆發。要根除孕育戰爭的土壤，必須鞏固民主制度、培植人權觀念、捍衛歷史記憶。

有一位名叫柯景星的台籍日本兵的故事，猶如臺灣版的《辛德勒名單》。柯景星，於南洋戰事中擔任日軍戰俘營監視員，負責看守盟軍戰俘。移送戰俘時，日本軍官強迫其處決戰俘，否則就將其槍殺。戰後，柯景星因此被判死刑，後查出事件原委，改判十年徒刑。而柯景星擔任監視員期間，不忍當時中華民國駐北婆羅洲領事卓還來遺孀及遺孤在獄中孤苦無依，暗中以雞蛋救濟。二〇一〇年，卓還來的姪女尋得柯景星身分，特地自美來台，感謝柯景星在戰亂時期的義舉。隔年柯景星過世。這個故事讓人沉思生命的寶貴，不分國籍、種族、階級，這一線黑暗中的榮光，乃是人性不至泯滅的見證。

柯景星的故事表明，作為臺灣人，他並非心甘情願地為日本帝國而戰，那場戰爭是非正義的，他在自己被殺或殺死別人兩者之間選擇後者，並承擔良心上的巨大痛苦。這正是大部分日軍中的臺灣士兵的處境，他們並非如那些被軍國主義洗腦的日本士兵那樣壯懷激烈地走向戰場。這讓我想起挺身反抗納粹暴政的德國神學家潘霍華，在接到軍方發出的必須前去報到的通知時，立即決定暫時離開德國，以規避參

This memorial is a permanent place of remembrance and tribute to the thousands of Allied prisoners of war who were transported to Taiwan from 1942-1945 by the Japanese in old freighters known as "hellships". Many POWs perished from starvation, sickness, neglect and murder, or were killed when the unmarked ships were torpedoed or bombed by Allied forces.
In January 1945 one such ship, the Enoura Maru, was bombed in Kaohsiung Harbour killing over 350 POWs. The men were first buried in a mass grave near this site and later their remains were moved to the Punchbowl War Cemetery in Hawaii.
The sacrifice of the POWs who suffered and died, and those who survived the atrocity of the hellships, must never be forgotten.
二次大戰戰俘船紀念碑
Taiwan Hellships Memorial
Dedicated on January 26, 2006

與納粹的殺人計劃。潘霍華說：「如果我在此時此地拿起武器，就會嚴重違反我的基督徒信念。」可惜，柯景星和更多的臺灣士兵沒有躲避的機會。

長期在此擔任志工的謝宏偉介紹說，館外的景點比館內更多。他帶我們一起來到在主題館外的廣場，那裡有一座屹立在海風中的二次大戰戰俘船紀念碑。一九四二至一九四五年間，日本軍隊在菲律賓、新加坡、爪哇等地俘虜許多盟軍，並以舊貨輪押送至臺灣、日本與南洋各地從事奴工。運送戰俘的輪船船體老舊、人滿為患，加上日軍對戰俘的非人道待遇，戰俘們飽嘗饑餓、疾病與酷刑，使得戰俘船素有「地獄船」之稱。一九四五年一月，一艘名為「榎浦丸號」（Enoura Maru）的戰俘船行經高雄港，盟軍誤認其為日方軍艦而予以轟炸，戰俘船上約三百五十名盟軍戰俘殉難，遺體先集體埋葬於紀念碑附近，後來遷葬夏威夷退伍軍人公墓。

二〇〇五年，臺灣戰俘營紀念協會於此處建立戰俘船紀念碑，藉此紀念二次大戰的戰俘，傳達世界和平的祈願。這座紀念碑凸顯了臺灣在二戰中的複雜身分，以及臺灣人對二戰歷史解讀的多元性。這座紀念碑也超越了「臺灣民族主義」的視角，讓戰爭與和平紀年公園具有普世胸襟和普世價值——不分國籍和種族，每個人都具有不被他人踐踏和侵犯的自由與尊嚴。

你們沒有失敗，你們終將凱旋

從某種意義上說，沒有許昭榮就沒有這座紀念館。紀念館內有一尊許昭榮的半身銅像，所展出的大部分物品與史料也都是許昭榮捐贈的；紀念館外則有一座許昭榮紀念碑，與戰爭與和平紀念公園的其他景物融為一體。在這陽光明媚、清風徐來的處所，這位性情剛直、九死未悔的老兵，不知可否安息？

許昭榮是台籍老兵中的一員，還是白色恐怖時期的政治受難者，這雙重身分足以顯示他的一生是何等

· 許昭榮紀念碑

艱辛與曲折。關於許昭榮的資料和事跡，我在鳳山海軍招待所和綠島監獄已經幾度接觸過。

許昭榮早年在日本海軍中服役，因為有技術特長，後來被國民政府強行徵召投入海軍「臺灣技術員兵」遣往上海、青島等地，之後隨敗退的國民政府返回臺灣。一九四九年，他被派至美國接收「太湖號」護航驅逐艦，一九五五年再度被派赴美接收「咸陽號」驅逐艦。其間，他在《紐約時報》上發現臺灣共和國臨時議會在東京成立的消息，由此形成台獨意識，決定將臺灣獨立運動的消息傳入島內。之後，他因傳播《臺灣獨立運動第十年》一書遭到逮捕，在鳳山海軍招待所關了一年後，送往綠島服刑十年，期間遭逢妻子改嫁。

一九八一年，許昭榮赴美開發臺灣草蝦外銷市場，參加海外聲援美麗島受刑人的抗議活動，一夕之間淪為政治難民，流亡海外。

臺灣解嚴之後，許昭榮回到臺灣，投入為台籍老兵暨遺族討回公道的工作。在他的倡導下，高雄市政府通過設立戰爭與和平紀念公園的議案。然而，又有國民黨議員提議將公園更名為「和平紀念公園」，以利於觀光業之開展，因為「戰爭」這個詞語不吉利、不討喜。這個荒謬的議案，居然在高雄市議會獲得通過。

二〇〇八年五月二十日，在國民黨重新上臺執政、威權體制捲土重來之際，許昭榮於「臺灣無名戰士紀念碑」前自焚而死。他在現場留下遺書，指責國民黨與民進黨漠視「臺灣歷代戰歿英靈」。他的遺書中寫道：「我依據自己的意志，以死抗議臺灣執政者長期對『歷代軍人軍屬台籍老兵』之精神虐待。國不像國，政府不像政府；議會亂武，司法亂彈；自由民主脫線，愚兵一世人！」

如果說鄭南榕是「焚而不毀」，那麼許昭榮就是「寧願燒盡，不願朽壞」。許昭榮之自焚，與鄭南榕的自焚一樣，以生命之光，照亮了那段黑暗的歷史。

從戰爭走向和平，需要犧牲多少無辜的生命？當我揮別戰爭與和平紀念公園時，此前還有些模糊的理念變得清晰了：沒有民主憲政的政治體制，沒有人權至上的民間共識，沒有秉筆直書的歷史觀念，就不可能告別戰爭，也不可能享有和平。◆

戰爭與和平紀念公園主題館

地址：高雄市旗津區旗津二路701號
電話：07-5719973
參觀時間：每週二至週日 10:00-18:00
（每週一休館）

1998
2000
2006

他要閉關鎖國，我要乘風破浪

海軍鳳山來賓招待所

我最早知道「鳳山招待所」這個名字，是從白色恐怖受難者胡子丹的回憶錄中。

胡子丹連言論犯和思想犯都算不上，僅僅因為一位香港朋友在給別人的信中向他問好，當時是海軍士兵的他就莫名其妙地成了「匪諜」。十年的牢獄之災，多年的監控和騷擾，沒有毀掉他，他奮發圖強，成了翻譯家和作家，自傳性的作品曾獲劉紹唐傳記文學獎。在書中，胡子丹生動地描述了剛被送到海軍鳳山來賓招待所時的情形：「我被押進了招待所的一個防空洞裡，眼見『先進』十來位，或坐或躺或站，或在榻榻米橫頭的泥地上來回不停走動。有穿軍服的，也有穿睡衣，抿嘴蹙眉，焦慮異常，還有一人瑟縮榻榻米上，裹在軍毯裡呻吟，『白髮三千丈，緣愁似箇長』。」

然後，胡子丹又被轉送入一間普通牢房：「有別於山洞的囚房才是真正囚房，傍山而建的一間間小屋，兩排各十數間，中間甬道約有一步半寬，不到百步長，盡頭處各有鐵欄柵加鐵門。小屋有兩疊榻榻米大小，門上肩高處有一郵筒般小口，是給水、給食和班長吆呼我們的所在；光線自高牆的透風孔斜入，讓我們分辨出方向和晨昏。……乍睡乍醒，往往錯覺到自我失落，泣聲牢愈靜，耳語囚更愁；夜中常聽到有人被叫去談話，凌晨被送回牢房後的呻吟啜泣，這都是正常的牢獄音響。」在此期間，他甚至像沙皇的囚徒、文豪杜斯妥也夫斯基那樣被綁著陪赴刑場，與死亡擦肩而過，差點精神崩潰。

如今，我來到海軍鳳山來賓招待所，已基本看不出這裡曾是一座監獄，倒是其前身——日本海軍鳳山無線電信所——之形制清晰可辨。

從戰爭樞紐到囚徒地獄

二十世紀初，日本海軍橫行東亞，長距離無線電通訊成為必要需求，於是建立了東京船橋、高雄鳳

・左下圖：作者記錄有關大碉堡的資料（照片由作者提供）

山、九州針尾等三大無線電信所。其中，鳳山無線電信所於一九一九年投入使用，採用最先進的無線電通信技術，指揮南洋艦隊，是日本「南進」政策的聯絡樞紐。

原先，我從無線電信所的「所」字猜想，它大約是一個小型單位。進入園區才發現，其佔地之廣、房舍之多，遠超過我的想像。據顧超光、黎高恩兩位學者合撰的研究報告〈臺灣光復前日軍在鳳山的軍事設施探討〉披露，當時鳳山無線電信所中央有一座高兩百公尺的鐵塔，周邊建立十八座高六十公尺的鐵塔，規模浩大壯觀。整個基地呈雙重同心圓設計，今天的遺址只是其中的一小部份。

一九四五年日本戰敗，鳳山電信所軍事地位不再。國民政府接收後，將它劃分為眷村、通信電台與鳳山招待所。直到今天，周圍仍是熙來攘往、古風猶存的眷村風貌。

國民政府來台後，敗軍之將，不可言勇，總是心有餘悸、疑神疑鬼，只好靠不斷的逮捕和鎮壓來獲得心理上的安全感。抓捕的人太多，原來的監獄人滿為患，一些日本時代的建築物陸續被改建成監獄。在臺北，原日本陸軍倉庫被改建為軍法處看守所和軍人監獄，原臺北刑務所就地變成臺北監獄，原東本願寺改建為情報處，原高砂鐵工廠改建為保密局北所，原新店戲院改建為軍法處新店分所。在高雄，鳳山無線電信所也在一夜之間變成了「招待所」。這裡主要囚禁海軍系的政治受難者，如海軍白色恐怖案、海軍台獨案、孫立人相關案件、五〇年代零星的海軍叛亂案，以及自由俄人案（蘇聯油輪陶普斯號被扣留的船員）等事件之受難者。

所謂「招待所」，其實是拘留所和監獄；所謂「來賓」，實際上是囚犯。國民黨和共產黨都從中國源遠流長的「瞞和騙」文化中汲取養料，共產黨以「勞動改造」這個詞語掩蓋其大規模的政治迫害和階級清洗，國民黨則以「招待所」遮掩專門關押未受法庭審判的囚徒的集中營的本質——當年的「來賓」、後來成為作家的馮馮在自傳《霧航》中形容，這個招待所有如「魔鬼地獄」。馮馮還提到，他的編號是卅一號，半年之後，看到一個新來的海軍官校學生，編號是一五一一號，據此推論「不過半年間，抓進

來的官兵已經一千五百多人」。

一九六二年，海軍鳳山來賓招待所的囚犯大都移往綠島等正規監獄，這裡遂改為「海軍訓導中心」，四年後又改稱「海軍明德訓練班」（管訓隊），轉型為負責管束軍中「頑劣分子」的「矯正機構」。今天前來為我導覽的，就是明德訓練班時期的教官安豐恕，後來在此安家立業，還曾擔任過里長。

二〇〇五年，軍方撤離之後，此處一度閒置，後來成為「歷史建築」和「國定古蹟」，目前由「高雄縣眷村文化發展協會」展開整理規劃和保存修復工作。

從二次大戰時期日軍的無線電信所，到白色恐怖時期關押異己分子的集中營，再到軍方內部的「矯正機構」，最後成為歷史古蹟和人權園區……百年來臺灣的苦難歷史與追求民主自由的血汗，濃縮在這片蒼老而堅固的建築之中。

這群建築如同一個龐大的艦隊

安豐恕首先帶我們參觀有「大碉堡」之稱的發電所、艦艇工廠和第一送信所。這棟建築是南北向的三連拱的長筒大跨間，精心設計、結構嚴謹。戰爭期間，為了防止盟軍飛機的轟炸，日軍在屋頂覆蓋很厚的土壤，還栽種樹木花草，使之看起來宛如普通的山坡。到了白色恐怖時期，時有囚徒被折磨致死或遭到槍決，軍方安排其他囚犯搬運屍體，直接送到屋頂的土層之中埋葬。那時，人命卑賤如草。

入內可以發現別有洞天，類似窯洞的拱門，寬敞明亮，難怪被關押在此的政治犯戲稱之為「山洞」。防轟炸的結構牆、防爆門、耐火磚等都採取近代高級工兵設計規格。就連通風口亦採取熱對流設計，使得碉堡內冬暖夏涼。

西側大廳，是當年生產登陸小艇和艦艇配件的工廠。另一側的大空間，則分割成上下兩層，厚實的原木樓梯用阿里山的大紅檜木修建，歷經九十幾年堅固如昔。二樓原來是教室、會議廳，可惜，有一部分區域毀於火災。當海軍撤離之後，該園區被廢棄，小偷來去如入無人之境，潛入拔除鐵製品變賣。有一次，小偷潛入後還惡作劇般地放了一把火。所幸大碉堡中間是鋪設有防火磚的無線電機房，隔開了大火，損失只有右半邊。

園區內規模僅次於「大碉堡」的建築，是「十字電台」，即第二送信所。這棟建築設計成十字架形狀，是為了偽裝成醫院，使得敵方飛機在投彈時手下留情。這裡長期用作通信電台，若干通訊器材仍放置在原處。未來規劃是在此建立一個通訊博物館。因為這裡是日本海軍的通訊中心，室內陳設的風格宛如一艘戰艦。龐大的通信操作台如同艦艇的指揮中心，大門亦以圓形操作盤來開啟，類似艦艇中的水密門扇開啟方式。

第三棟比較重要的建築，是辦公廳舍和教室。在招待所時期，這裡被劃分成會客室、審訊室，以及拘禁囚犯的「普通號」和「優待號」——前者主要監禁普通士兵和低級軍官，後者則監禁校級以上的軍官。

其他附屬建築還有很多。比如，大碉堡北側有一棟小建築，日本海軍時期作為儲藏室，在招待所時期和明德訓練班時期則改作為懲戒時所用的獨居房，狹小的空間宛如一副棺材，被關押在此的人，無論多麼凶悍，一兩天之後不得不求饒服軟。再比如，日本海軍期間的蓄水池，在招待所時期曾被當作水牢，被投入其中的囚犯，半身浸泡在水中，且無法向上攀爬，求生不得、求死不能。

對照園區內不同時期的建築，我發現一個有趣的現象：日本時代的建築兼具實用與美感，一絲不苟，百看不厭；國民黨補建的房舍，無不敷衍塞責、因陋就簡，既不實用，更無美感。一個政權是否用心去經營一個地方，從建築的水準就可看得一清二楚：當年，日本將臺灣作為一塊永久國土來建設；而國民黨在相當長一段時間內只是將臺灣當作反攻大陸的跳板，根本沒有珍惜和疼愛。

· 上圖：作者與導覽員探尋可怕的水牢舊址（照片由作者提供）

· 左下圖：拘禁囚犯的「普通號」

蔣介石為什麼對海軍充滿疑懼？

解嚴以後，當二二八屠殺、白色恐怖的黑暗歷史逐漸浮出水面，柏楊對蔣介石的看法逐漸成為臺灣的主流民意：「他老是自己訂的法律，自己不遵守。就好像他是公司的老闆，他規定牆角不許撒尿，他高興起來就往牆角撒一泡，好表示他是這家公司的老大。我覺得真是既膚淺而又愚昧。」與此同時，「國粉」（國民黨的粉絲）和「蔣粉」（蔣介石的粉絲）偏偏在對岸的中國多如牛毛。就連旅居海外的「民運人士」群體中，言必稱「蔣公」者亦比比皆是。也許因為共產黨太壞，他們就將蔣介石當成「民族救星」。兩岸之時空倒錯，讓人不勝感慨。

然而，某些人口中偉人的蔣公，偏偏是另一些人心中窮凶惡極的閻王——那些曾被關押在海軍鳳山來賓招待所的受難者們，對蔣介石的暴虐殘忍最有體會。他們之中的大部分人，都是當時的驚天大案「海軍案」之受害者。

一九四九年二月十二日，國共內戰炮聲隆隆，國民黨敗局已定，海軍黃安艦率先棄國投共。二月廿五日，中國噸位最大、戰力最強的巡洋艦「重慶艦」也倒戈。四月廿三日，由林遵率領的海防第二艦隊發動海軍最大規模的「起義」。一年之內，國民黨海軍總計有近百艘艦艇、三千八百名官兵投共。

蔣介石依賴海軍運送人員和物資到臺灣，並與中共在海上周旋，故而對海軍叛變事件暴跳如雷。蔣不願檢討自身政策的失誤，反而掀起腥風血雨的整肅運動。為了整肅海軍，蔣親自任命黃埔嫡系出身、「十三太保」之一的陸軍中將桂永清為海軍總司令。

桂永清與二二八元凶之一的彭孟緝一樣，是個殺人不眨眼的惡魔，雖然在戰場上怯懦無能，卻樂於用他人之鮮血染紅肩上的將星。桂永清手上既有老蔣的尚方寶劍，立即在海軍中展開屠戮。他派出情報人員至各艦艇誘捕相關人等，就近拘禁在海軍陸戰隊集訓隊或各艦艇上。

同年五月，桂永清針對海軍官校校長魏濟民及海軍官校進行整肅，連續三屆學員全遭逮捕，許多人下落不明。有見證者指出，有人被以麻袋捆綁後直接投海。「崑崙號」艦長沈彝懋連同在海軍官校讀書的兒子沈白一起被槍決。馬尾海軍學校最後兩屆畢業生，共三個班的全部士官生都被投進監獄。在廈門撤退時，不少海軍官兵在禾山海灘被「倒栽蔥」，即將人倒插入海灘上的淤泥中，這是桂永清發明的處決犯人的新招。其餘活口都被帶到海軍鳳山來賓招待所關押、審訊。

中國近代以來的海軍史，差不多就是一部失敗史。鴉片戰爭之後，以大陸帝國自居、閉關鎖國的清王朝，跟洋人作戰屢戰屢敗，被迫學習西方之船堅炮利，投入重金籌建現代海軍。經過洋務運動，中國總算擁有了一支噸位堪稱亞洲第一的「龍旗飄飄的艦隊」。沒有想到，這支外表強大的艦隊不堪一擊，在甲午海戰中幾乎全軍覆沒。此後，清廷病入膏肓，直到覆亡於辛亥革命，再也未能重建起一支有戰鬥力的艦隊。民國肇始，囿於政府財力困乏，需要用真金白銀打造的海軍，始終是三軍中可有可無之軟肋——況且，軍閥只需要陸軍搶奪地盤。到了中日全面開戰之時，日軍迅速佔領中國沿海省份，封鎖海岸線，中國擁有的屈指可數的戰艦，瞬間淪為沉入長江、堵塞江面的廢銅爛鐵。

抗戰勝利，海軍剛剛重建，內戰硝煙又起。桂永清在蔣介石特許之下掀起大清洗，讓許多海軍健兒淪為階下囚甚至槍下魂。海軍是相當專業的軍種，國家培養一個海軍官兵要花巨大的資源和財力，這場整肅計劃造成中華民國軍事史上最嚴重的損失，也成為軍中人權史上最黑暗的一頁。

在這場整肅的背後，不僅是國軍中長期存在的草蛇灰線般的派系鬥爭，更是蔣介石本人心靈深處對海軍的不信任——海軍在一望無垠的大海上乘風破浪，不像隨意關閉在營房內的陸軍那麼容易駕馭和控制。出於恐懼，蔣介石以「寧可錯殺三千，不可放過一人」的心態，不惜像當年崇禎皇帝殺袁崇煥那樣自毀長城。而這種對海軍的疑懼心態，又源自於封閉保守的大陸型文化對海洋文明的排斥與仇視。這也正是流亡至臺灣的國民黨政權始終不能實現「在地化」、不願接受海洋文明的根本原因。

未來的臺灣，終將以人權立國、以海洋立國。優質的人權紀錄，強大的海軍防衛，將是臺灣吸引友人、對抗外敵，展示軟硬兩種實力的法寶。在此背景之下，海軍鳳山來賓招待所那陰森恐怖的故事，須被永久銘記，方能永不重演。◆

· 獨居房入口

海軍鳳山來賓招待所

地址：高雄市鳳山區勝利路10巷
電話：07-2225136（高雄市政府文化局代管）
參觀時間：每週六、週日 09:00-17:00

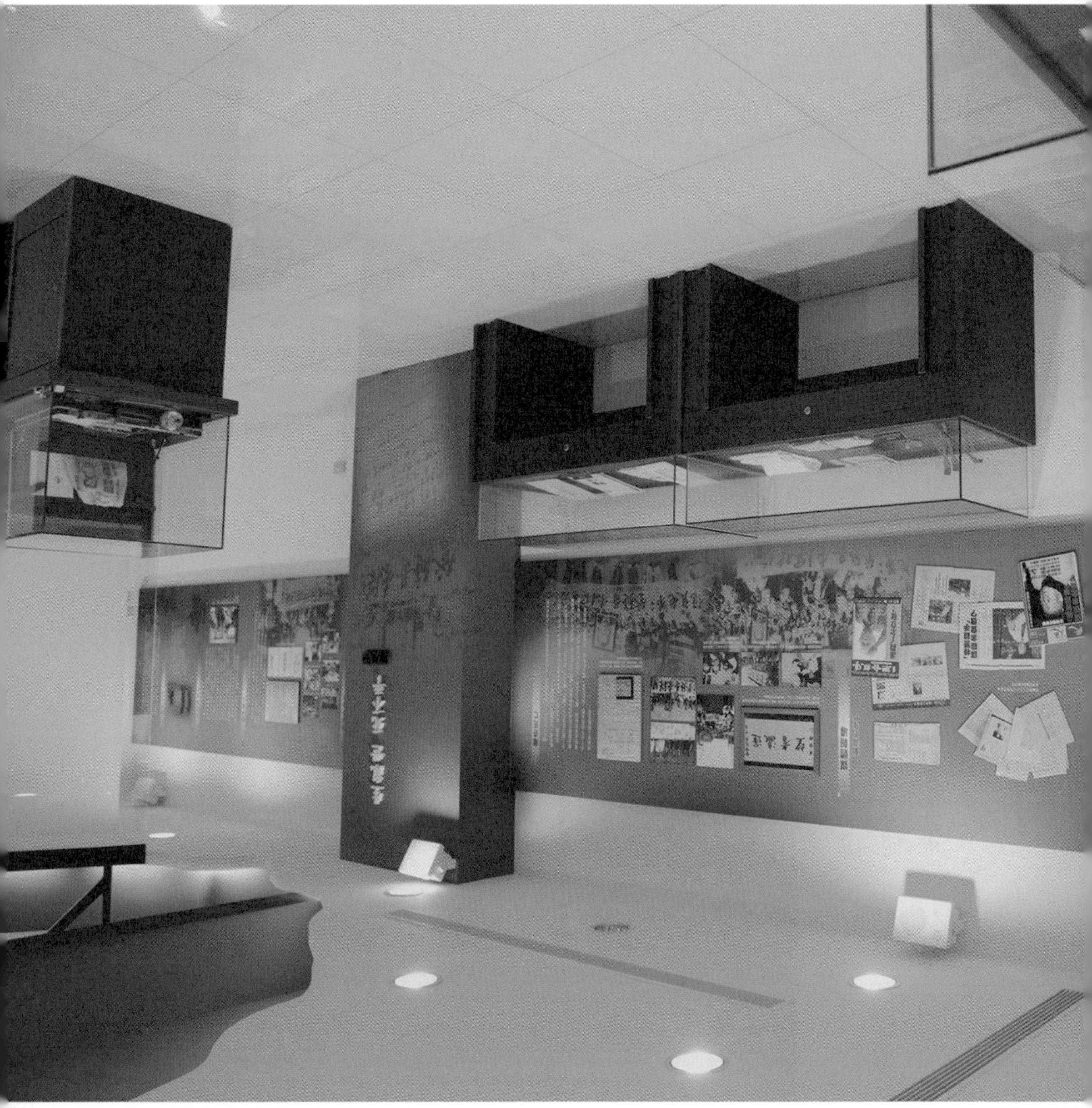

余登發紀念館

你的身上，有泥土的香味

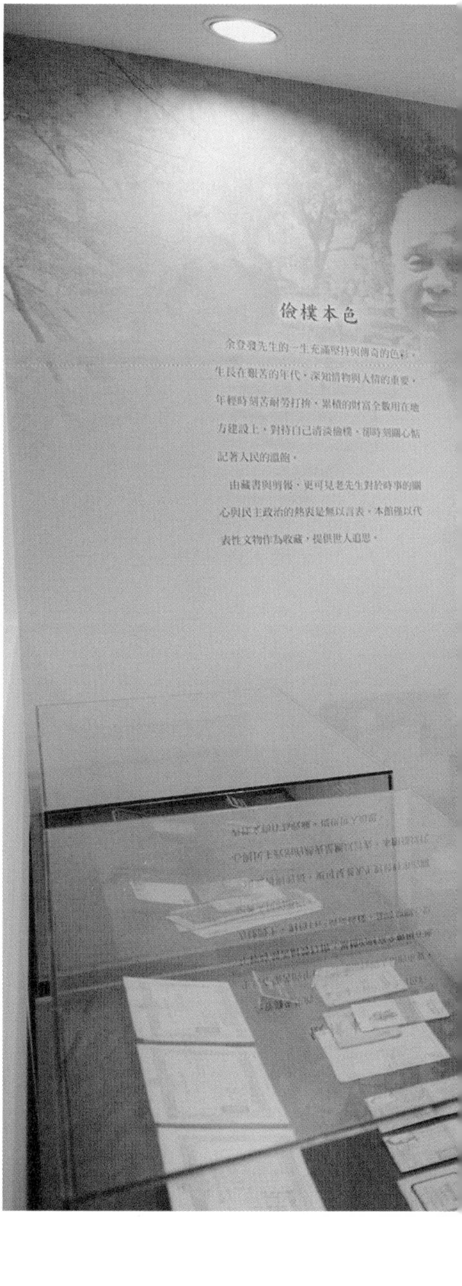
儉樸本色
余登發先生的一生充滿堅持與傳奇的色彩，
生長在艱苦的年代，深知惜物與人情的重要，
年輕時刻苦耐勞打拚，累積的財富全數用在地
方建設上，對待自己清淡儉樸，卻時刻關心貼
記著人民的溫飽。
由藏書與剪報，更可見老先生對於時事的關
心與民主政治的熱衷是無以言表，本館僅以代
表性文物作為收藏，提供世人追思。

我一到高雄，就愛上了這座比臺北更具親和力的城市。人們常常譏諷臺北為「天龍國」，形容臺北人高高在上、不食人間煙火，巴黎也時常遭到巴黎之外的法國人類似的調侃。高雄之於臺北，恰恰宛如里昂之於巴黎，不是有心人，不知其韻味。更為重要的是，高雄是臺灣民主運動的發源地，臺灣第一位地方實力派政治家和反對派領袖余登發，就從高雄開始其漫長的政治生涯。

余登發從青年時代就在橋頭嶄露頭角。在一九二九年考取司法代書後，為了工作的方便，遷居橋頭，但地方耆老們無法明確記憶他第一個落腳的地點，多數鄉親熟悉的都是現在位於橋南路二十七號的余氏老家。這間余氏橋頭故居，經由余家後輩整建，對外開放為紀念館，常年展出相關文物與重要事件資料。故居外觀雖已不是當年的古厝樣貌，但紀念館透過書信、文件、衣物及照片的整理呈現，讓更多人熟悉這位民主前輩，並體認到民主自由得來不易。

我們來到紀念館，約好徐炳和老先生作導覽。徐炳和曾在高雄縣政府任秘書，長期與余登發朝夕相處，對老先生的生活點滴如數家珍。

赤膊上陣的「野生的政治家」

余登發紀念館位於橋頭老街內，展示面積約一百坪，為開放式空間。一樓部分是以老先生的照片、物品展陳，凸顯「與強權政府對抗」及「與人民站在一起」的概念，呈現余登發是最早與國民黨腐敗政權抗爭的地方大老，以及他服務人民、為人民著想的從政原則。二樓重點呈現在臺灣民主運動史上佔有重要意義的「橋頭事件」，以及老先生的大事年表、史料電子書等。

余登發出生於家境寬裕的農家，但並非大富大貴，是靠自己的努力經商致富。徐炳和介紹說，余登發大智若愚、心細如髮，從商業專門學校畢業後，通過普通文官考試，卻辭職從事土地代書工作。他在土

· 上圖與右下圖：余登發紀念館

· 左下圖：野生的政治家

地代書的執業經驗中，深刻地了解到，在時代的劇變中，土地永遠是不變的軸心。

余登發有敏銳的觀察力。到了戰爭後期，他觀察附近日軍岡山空軍基地，發現美軍頻繁來襲，日軍沒有可以起飛迎戰的飛機。儘管總督府大肆吹噓皇軍必勝，他卻從類似的細節中得出日本必定戰敗的結論。余登發認為，戰後臺灣的土地一定會漲價，就以低價大量購進土地。

國民政府時代，余登發擁有的大片土地成了從政的資本，每參加一次選舉，他就賣掉一塊土地作為競選經費。彭瑞金在《余登發：臺灣野生的政治家》一書中評論說，別人從事政治是想從中撈取十倍、百倍的回報，余登發卻不惜花自己的錢為公眾服務。「當初擁有土地的純樸想法，的確已確定了他一生的政治風格，這大筆土地和余氏的善用土地也改變了高雄的政治生態，改寫了臺灣的政治史。」

一九四八年，余登發作為臺灣的二十七名國大代表之一，赴南京出席第一屆國民代表大會。一個強大的中國會讓臺灣變得更好嗎？中國社會的混亂、南京政府的腐敗、國民黨的內鬥、國民大會上的各種陰謀和表演，這一切讓其大失所望，更堅定了其扎根高雄，從事地方政治的信念。余登發投身基層選舉，先後當選橋頭里長、鄉長、高雄縣長，並開啟了高雄政壇的「黑派傳統」。

我一直感到好奇，為何余家被稱為「黑派」呢？此一說法似乎不雅。查詢有關史料，才發現有此一淵源：高縣政壇的黑、白、紅派源於民國四十年的第一屆縣長選舉。當時候選人洪榮華與陳新安對決，洪的支持者取洪的諧音「紅」為標誌，助選員一律戴紅帽，被稱為紅派；陳新安陣營則戴白帽區隔，被稱為白派。而當選第四屆高雄縣長的余登發，因行事風格特立獨行，被當時議會議長戴良慶怒責「黑白來」，日後余家班就被稱為「黑派」。而徐炳和則向我提供了另一種說法：「其他兩派都戴不同顏色的帽子，只有余登發一頭黑髮，他的團隊也沒有戴帽子，故而他們被稱之為黑派。」

在二樓的展區中，有不少余登發生前使用過的物品，比如磨損得破舊不堪的公事包、被坐得光滑如玉的竹搖椅，以及老先生穿過的衣物。余登發在一九六〇年當選高雄縣長時買了一套西裝，平時很少穿，十多年後依然是嶄新的。他即便穿上西裝在辦公室裡辦公，看起來仍是純樸的農民。高雄氣候炎熱，夏天他常常打赤膊跟來客談話，絲毫不講究禮節。直到八十多歲，他還親自下田幹活，比少壯人還能幹。

余登發不像某些後輩政治人物那樣有出洋留學的履歷和博士的頭銜，但他酷愛讀書，勞作之餘，手不釋卷，並能閱讀日文和英文的著作。展櫃中，有老先生時常翻閱的幾套大部頭書籍，如《美國歷史大綱》、《中國人史綱》、《世界各國憲法大全》等。他還親自製作剪報冊，並標註重點句子和段落。

余登發受的是日本式教育，做事嚴謹，他總說：「憑良心講話，是非才會分明；憑良心做事，事情才會條條有理。」他一生勤儉，為了地方福祉不惜付出金錢與生命，一切以民眾優先，疼惜土地、疼惜農民與弱者。在高雄縣長任上，他處理大型公共工程時，不拿紅包、不拿回扣，給政壇帶來一股新風氣。他也大膽刪除給國民黨縣黨部的資助，轉而興建中小學教室，修繕了一百多間教室惠及上萬學生，讓國民黨議員無話可說。余登發被譽為「最古典的政治工作者」，這樣的人物在臺灣政壇上宛如空谷幽蘭，除了此後的陳定南，再也沒有可以與之媲美的人物。

橋頭事件：美麗島事件的先聲

七〇年代末期，余登發加入黨外陣營，開始參與全國性的黨外運動，由此從高雄黑派王國的掌門人，躍升為國民黨中央政府的眼中釘、肉中刺。

由於靠選舉無法打敗余登發，國民黨便想出詭詐的辦法。一九七九年一月二十一日，國民黨炮製了一件漏洞百出的「匪諜叛亂案」，藉機將余登發父子逮捕入獄。調查局三班輪番訊問多日，並未獲得確鑿證據，卻以「知匪不報」、「涉嫌參與叛亂」、「為匪宣傳」等罪名快速定罪。當時，美國與中華民國斷交，嚴重衝擊國民黨政府的國際地位及在臺灣統治的合法性。風雨飄搖之際，國民黨以余登發案警告

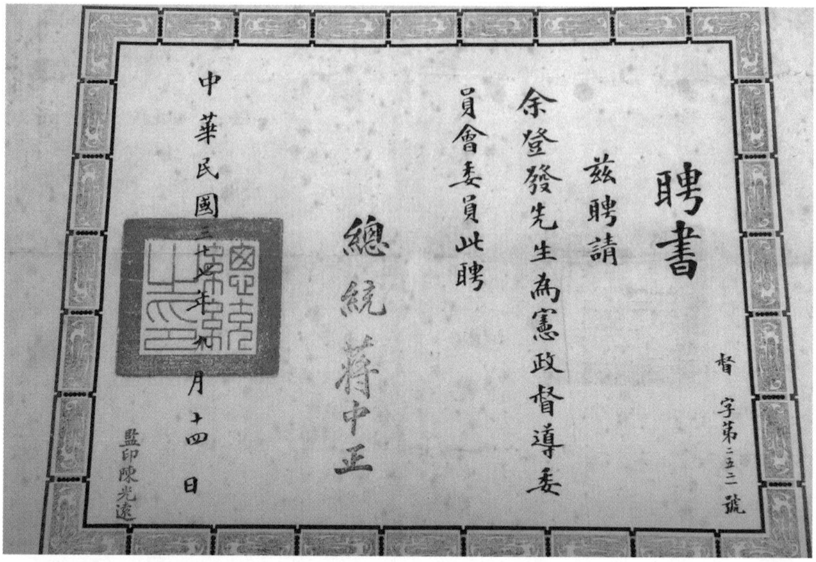
聘書

督　字第二三二號

茲聘請

余登發先生為憲政督導委員會委員此聘

總統　蔣中正

中華民國三十七年　月十四日

監印　陳光遠

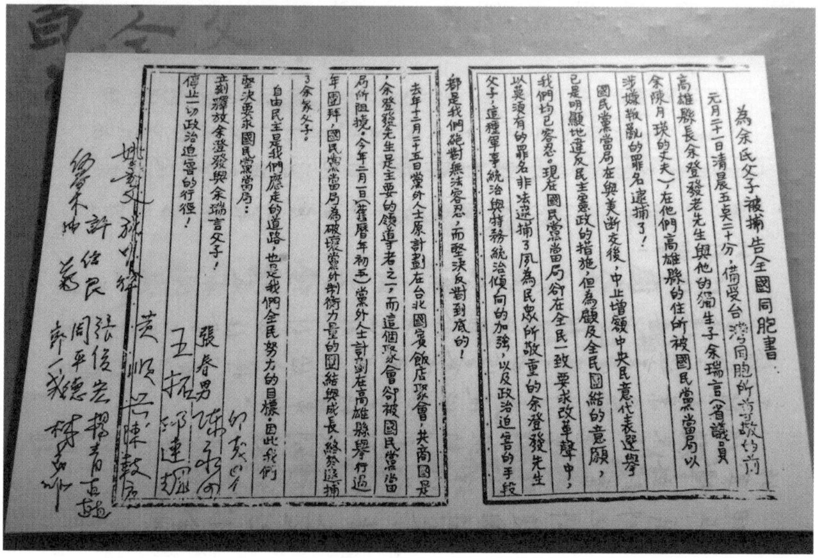
為余氏父子被捕告全國同胞書：

元月二十一日清晨五點二十分，備受台灣同胞所尊敬的前高雄縣長余登發老先生與他的獨生子余瑞言（省議員余陳月瑛的丈夫），在他們高雄縣的住所被國民黨當局以涉嫌叛亂的罪名逮捕了！

國民黨當局在與美斷交後，中止增額中央民意代表選舉，已是明顯地違反民主憲政的措施，但為顧及全民團結的意願，我們均已容忍。現在國民黨當局竟在全民一致要求改革聲中，以莫須有的罪名非法逮捕了夙為民眾所敬重的余登發先生父子，這種軍事統治與特務統治傾向的加強，以及政治迫害的手段，都是我們絕對無法容忍，而堅決反對到底的！

去年十二月二十五日黨外人士原計劃在台北國賓飯店聚會，共商國是，余登發先生是主要的領導者之一，而這個聚會竟被國民黨當局所阻撓。今年二月一日（舊曆年初五）黨外人士計劃在高雄縣舉行過年團拜，國民黨當局為破壞黨外對衛力量的團結與成長，終於逮捕了余家父子。

自由民主是我們應走的道路，也是我們全民努力的目標。因此我們堅決要求國民黨當局：

立刻釋放余登發與余瑞言父子！

停止一切政治迫害的行徑！

張春男　王拓　邱連輝　黃順興　許信良　張俊宏　周平德

· 上圖：蔣介石頒發給余登發的憲政督導委員會委員之聘書

· 下圖：為余氏父子被捕告全國同胞書

黨外人士不得輕舉妄動，以收殺雞儆猴之效。

紀念館內展示了余案的審訊紀錄、判決書、法庭照片以及海內外媒體的報導等資料，讓人回到當年一片肅殺的氛圍之中。軍事法庭一再拒絕余登發要求與「匪諜」吳泰安當面對質的要求，余登發乃忿而大聲說：「不讓我對質，就判我死刑好了。」說完即閉目不語。為了不讓這幕鬧劇穿幫，當局立馬將吳泰安槍決、匆匆結案。有關文件上，清楚地記載著作為幫凶的檢察官和法官的名字，可惜臺灣轉型正義欠缺，這些加害者無一受到懲罰。

在這無比嚴峻的形勢之下，黨外人士認為這是國民黨掀起新一輪大整肅的開始。出於唇亡齒寒之感，黨外人士共同發表了一份《為余氏父子被捕告全國同胞書》，並決定在余氏老宅橋頭發起大遊行。這是國民黨在臺灣實施戒嚴三十年以來，民間第一次向戒嚴法發起挑戰，每一個參與者都有一種「風蕭蕭兮易水寒，壯士一去兮不復還」的悲壯。

二十二日上午，二十多名來自全島各地的黨外知名人士，包括陳婉真、許信良、陳鼓應、陳菊等，以及余家親友和地方人士，不顧當地警察局長的警告，撐起布條，披上彩帶，在橋頭街道上遊行，並沿途散發抗議聲明。下午他們再到鳳山市區及高雄火車站前，貼標語、發傳單，並發表演講。

當時，警民對峙緊繃，衝突一觸即發。我看到展出的歷史照片，多年之後，那種緊張的氛圍仍然壓迫得人喘不過氣來。這就是臺灣民主運動史上具有破冰意義的「橋頭事件」，從此黨外人士有了走上街頭抗爭的勇氣，數月之後便引爆了規模更宏大的「美麗島事件」。

「橋頭事件」十四年後的一九九三年，臺灣在民主化的道路上大步流星、日新月異，而中國卻處於六四屠殺之後萬馬齊瘖的氣氛之中。那一年，我在北大選修正在哲學系任教的陳鼓應教授開的老莊哲學課。我對老莊哲學沒有那麼大的興趣，我真正感興趣的是陳鼓應在黨外運動包括「橋頭事件」中的經歷。課後，我好奇地向陳教授詢問有關細節。陳教授卻笑而不答。或許當時中國正處於「道路以目」的氣氛之下，陳教授刻意淡化自己「政治人」的履歷，而固守「學術人」的身分，才會「好漢不提當年勇」。

老獅子倒在血泊中

展覽的最後一部分為「生亂世，死不平」。一九八九年九月十二日，一個颱風夜裡，余登發被發現倒臥在八卦寮自宅的臥室裡，血流滿地、不治身亡，享年八十六歲。

余登發一生為臺灣人犧牲奉獻、反暴力、求民主，卻以這種令人難以接受的方式離世。警方以「意外死亡」偵結，但法醫楊日松判定為他殺，余家親屬遂據理力爭，希望警方追查元凶。這件案子由於檢方與家屬各說各話，至今仍是懸案，並被列入臺灣四大政治謎案之一（另外三件是：劉邦友案、陳文成案、林義雄滅門血案）。

環顧世界，沒有一個國家的民主轉型不付出流血的代價，差別只是流血的多與少。余登發本已淡出政壇，在鄉居和勞動中安享晚年，卻仍未躲過嗜血的黑手。黃煌雄在為余登發所寫的傳記中感嘆說：「余登發特立獨行、固執、倔強、敢作敢為、正直硬氣、坦率、光明的性格，是人人皆知的。就算他不是完全透明的人，卻無疑是個堅持透明從政的理想主義者。但他的對手卻從不放棄用赤裸裸的暴力對付他。……余登發實在是真正從臺灣的土地上土生土長的臺灣政治人物。他土性十足、土味十分，他一生所受的苦、所受的折磨、侮辱、誣衊，不正是臺灣人命運裡，共同的苦、共同的難、共同的侮辱和誣衊嗎？」我不禁設想，倘若今天臺灣的反對黨陣營中有余登發式的「接地氣的、身上帶著泥土香味」的人物，臺灣的政治生態一定會大不一樣。

那個風雨之夜，余登發悲壯地走完了絢爛多姿的一生。政論家司馬文武將余登發與被偷獵者殺害的

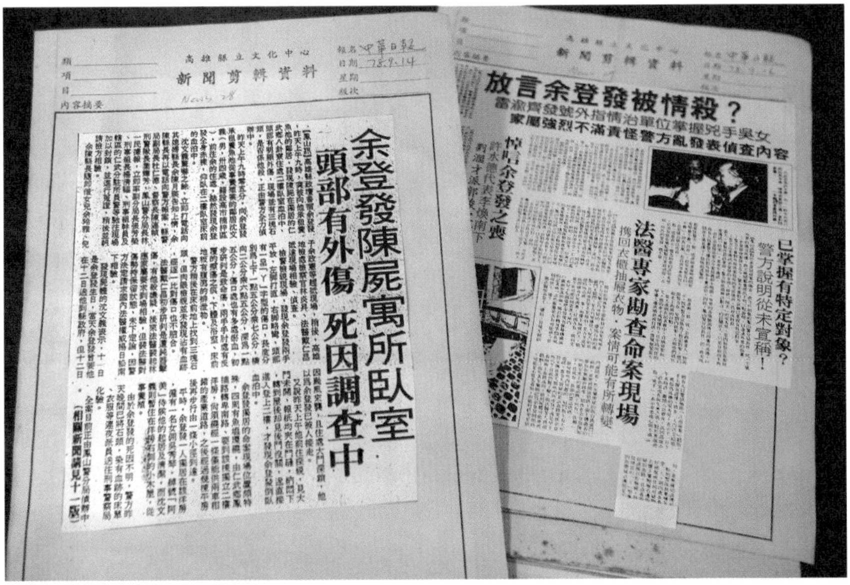
高雄縣立文化中心
新聞剪輯資料
余登發陳屍寓所臥室
頭部有外傷 死因調查中
放言余登發被情殺？
悼唁余登發之喪
法醫專家勘查命案現場
攜回衣櫃抽屜衣物，案情可能有所轉變
已掌握有特定對象？

不是機關刊物
定價68元
民進
天地
136
本刊獨家報導
余登發死亡現場的疑點
「特警殺手」謀殺余登發？
台灣地區89年各級選舉賄選行情
民進黨得票率可望超過30%
為蕭天讚「急診」兼算命
「特警殺手」謀殺余登發？
從余登發被殺的迷團中撕開一條血路

· 被獵殺的老獅子

八十三歲的動物保護學者、《獅子與我》的主角亞當生並列，認為這兩位可敬可佩的老人都宛如「被獵殺的老獅子」。他們雖死猶生，他們所流的殉道者的血，成為通往自由和公義的道路上不滅的燈。

為了改變臺灣的專制政治，余登發奮鬥一生並且付出生命代價，他的家人也都不輕鬆。比如，余登發的第一任妻子巫清良女士長期以來生孩子都流產，甚至年紀輕輕就過世了。知情的人都知道，她為了自己丈夫在外的所作所為，承受了相當大的壓力，除了幫忙顧好家庭，還要面對外界無時無刻的騷擾，所以連胎兒都保不住！講到這些細節，多年來追隨余登發的陳炳和眼眶都濕潤了。

余登發心中有一個幻想中的美好中國，直到晚年他仍然堅持統派立場；再加上他長期在地方經營，腳踏實地地服務民眾，並沒有華美而周延的政見，故而受到民進黨主流的忽視，他所獲得的歷史定位肯定遠不及實際的成就。不過，余登發是一位只問耕耘，不問收穫的政治家，俯仰之間，但求無愧我心。

臨別之時，紀念館的工作人員送給我一個余登發的公仔，老先生那招牌式的笑容，憨厚而爽朗，是那樣地傳神。◆

余登發紀念館

地址：高雄市橋頭區橋南路27號
電話：07-6131125
參觀時間：每週日 10:00-17:00
週三至週五接受15-30人團體預約，請去電聯繫。

R10 O5 美麗島站 2
Formosa Boulevard Station 出入口

那群站在軍事法庭上的平民

高雄捷運美麗島站及人權學堂

轉型正義固然不是包治百病的靈丹妙藥，但缺乏轉型正義確實是造成今天臺灣社會亂象叢生的關鍵原因。

二〇一五年三月，臺灣法務部有意推薦曾在美麗島事件擔任起訴檢察官的司法官學院院長林輝煌，由總統提名擔任大法官，引起輿論反彈。民進黨立法委員尤美女、管碧玲在司法委員會中，針對此事加以質詢。尤美女表示，即使林當時只是少尉軍官，對於上級指示無能為力，但有網友指出，林曾在課堂上洋洋得意地說自己是美麗島事件檢察官，讓人懷疑他到底有沒有對這件事情做反思？管碧玲指出，這件事情關係到整個國家的價值面，林輝煌當時配合威權政權，淪為打壓民主化過程的共犯，現在卻又給他大法官的地位，這符合轉型正義的價值觀嗎？

法務部部長羅瑩雪在立法院接受質詢時，證實推薦了林輝煌。她表示，美麗島事件是很久以前的事了，林輝煌是優秀的人選之一。

羅瑩雪的言論顯示，這位法務部長對歷史、正義、法治、人權這些基本價值的理解幾乎為零——難道美麗島審判比納粹大屠殺還要古老嗎？至今，以色列仍在全球範圍鍥而不捨地追捕並審判納粹分子，而臺灣的美麗島事件居然成了「很久以前的往事」。如果加害者不以加害為恥，「深度民主」和「人權共識」又怎能在臺灣深入人心呢？

我在大學時代就對臺灣民主運動史很感興趣，常常到北大圖書館那間收藏有臺灣版書籍的閱覽室查考有關資料。二〇〇五年之後，幾次訪問臺灣，見過若干美麗島事件的當事人。滄海桑田、物換星移，有人仍然走在當年選擇的光榮荊棘路上，有人卻掉頭奔往截然相反的方向。

我見過林義雄，謙卑與剛毅像火與冰一樣同時存在於他身上，他說願意原諒殺害他母親與女兒的兇手，同時他也為反核而怒髮衝冠、拍案而起；我見過姚嘉文，我喜歡他作為作家溫文爾雅的那一面，拜讀他撰寫的規模宏大的大河小說，更是津津有味。在二〇一五年臺北自由廣場紀念六四的晚會上，我見到受邀前來發言的呂秀蓮和施明德，兩名昔日在同一個法庭上受審的戰友，如今形同陌路。作為前副總統的呂秀蓮，出入有一大隊安保人員，登臺演講時也不減年輕時的強悍與尖銳，可稱之為鐵娘子。施明德在登臺前，站在燈火闌珊處，身邊許多青年人來來去去，沒有一個人向他致意，彷彿他是隱形的一般；當他登臺發言時，下面的年輕人報之以強烈的噓聲，以至於還沒有講完話，就被轟下臺。遲暮的英雄比遲暮的美人還要不堪，更何況一心一意要變成狗熊的英雄？

這一群人因《美麗島》雜誌和美麗島事件而成為歷史的一部分，他們是平民，卻被送上軍事法庭審判。我在景美人權園區參觀過審判他們的軍事法庭。將平民送上軍事法庭審判，是軍政權常常幹的拙劣勾當，兩蔣統治的臺灣自詡為「自由中國」，此案卻證明其本質是威權專制。

在穹頂之上，有光射入

我需要尋找身臨其境的感受，到高雄時，特意在美麗島捷運站旁邊訂了旅店。一個疑問立即冒出來：既然有了美麗島捷運站，為什麼不把《美麗島》雜誌編輯部作為紀念館呢？

我就這個問題請教高雄市新聞局局長丁允恭，他大概是我在臺灣見到的唯一一位在任的政府官員。我個性散漫，不願跟官員打交道。結識丁先生，不是因為他是新聞局長，而是因為他跟我一樣是評論人。丁允恭告訴我，《美麗島》雜誌社所在地的中山一路五十三號，是一棟建於一九六二年的一般傳統街屋。近年來，有不少社會人士倡議向各界募集「美麗島基金」，創辦紀念館。但業主報出的租金太高，致使這一設想未能實現，實在是一大遺憾。

我不禁嘆息說，這位業主缺乏高瞻遠矚的眼光，他若玉成此事，不也為臺灣民主的深化盡了一分力嗎？可惜，人與人之間心思意念的不同，確實是「夏蟲不足以語冰」。

雖然沒有一座美麗島事件紀念館，美麗島捷運站也算是遲到的紀念。以美麗島命名「捷運之心」這一站，當初有過不小的爭議。國民黨籍的高雄市議會議長莊啟旺認為，美麗島站政治味太濃，建議將站名改回原來的大港埔站。高雄市政府捷運工程局局長李正彬則表示，美麗島車站命名，經過公開、透明的作業，非捷運局草率決定。

在這場爭論中，相當吊詭的是，「政治」一詞居然被一個政治人物刻意污名化和妖魔化，這位議長大人所從事的難道不是政治活動嗎？若是由我來回答莊議長，只需一句話足矣：這不是政治，這是人權；政治可迴避，但人權不可欺辱。

善與美，很多時候合二為一。美麗島捷運站是一張高雄市民引以為自豪的城市名片。二〇一二年，美國旅遊網站「BootsnAll」評選全世界最美麗的十五座地鐵站，美麗島站位居亞軍。

美麗島站的站體為世界上最大的圓形車站，由日本建築大師高松伸設計。建築師利用當地的歷史與環境條件，設計彷如以雙手合掌的「祈禱」，在白天與夜裡展現不同風情。美麗島站開闊的地面廣場，位處高雄最繁榮的市中心，為避免帶給市民都市叢林的冷漠意象，冷卻水塔、通風井及無障礙電梯等採取船舶造形及波浪律動之表現手法，既讓行人感受高雄特有之港都風情，又可展現凝聚又發散的捷運特性。此種人性化的設計與「人權廣場」之命名，表裡合一。

進入美麗島捷運站內部，發現這裡宛如神話中的地下城堡，色彩絢爛、光影交錯，抬頭即可看到全球最大一體成型單件玻璃公共藝術作品「光之穹頂」(The Dome of Light)，這是義大利國寶級玻璃藝術家水仙大師耗費四年時間完成的傑作。大師使用的材料包括高溫熱融琉璃、傳統鑲嵌玻璃、手工吹製古典琉璃和威尼斯水晶圓盤，創造出直徑三十米、面積六百六十平方米的、宛如羅馬萬神殿穹頂的「窗子」，讓侷促昏暗的地下空間，變得有如教堂般神聖與莊嚴。

「光之穹頂」的創作主題，分為四大區塊，依順時針方向依次為：水——生命的孕育、土——繁榮與

成長、光——創造精神、火——毀滅與重生，藝術家以這四種元素講述人類起源與繁衍的故事。在斑斕交錯的色彩中，藍色代表海洋和生命，呼應高雄是海洋首都的概念；綠色代表土地和地球，顯示人類在此繁衍生育；黑色代表戰爭與死亡，邪惡的勢力總是企圖壓迫和轄制人類；紅色則代表浴火重生的美麗鳳凰，在火燄中展翅飛翔。藝術大師使用玻璃、色彩與光線為言語，譜寫了一曲宛如貝多芬的《命運》般恢宏的交響曲。

當我抬頭仰望穹頂之上，發現有光射入時，心中充滿溫暖和平安。此前，我參觀景美人權園區內那間美麗島大審時肅殺的法庭，一連好幾天都做惡夢。如今，在這透光的穹頂之下，我可以暢快而自由地呼吸，彷彿在傾聽一首悠揚的交響樂。是啊，烏鴉的翅膀豈能永遠遮住太陽的光芒？

這裡有一間人權學堂，請留步

二〇〇九年，高雄市政府為落實「人權城市」之理念，委託高雄市立空中大學於高雄捷運美麗島站設立「人權學堂」，充實人權史蹟新知，並將人權理念融入民眾生活當中。

美麗島捷運站，不僅只是被冠以一個紀念美麗島事件的名字；有了「人權學堂」，美麗島捷運站就成了如高雄市長陳菊所說的「人權知識與價值的轉運站」。

任何城市繁華地帶捷運站內的店鋪，因巨大的人流量和商機，都是寸土寸金、價值不菲。就在這個連空氣裡都瀰漫著金錢味道的地方，居然有一間寬敞明亮的「人權學堂」。高雄市政府放棄日進斗金的經濟效益，利用此一空間，向民眾普及和推廣人權觀念。這一舉措，讓我為之豎起大拇指——高雄真的無愧於全世界第十六座「人權城市」之美譽！

人權學堂的設置，類似臺北捷運站內常有的遊客中心，但這裡提供的不是旅遊資訊，而是人權方面的

人權是至高的價值
高雄市人權學堂
Human Rights
Learning Studio
Kaohsiung
世界人權名

人權學堂成立誌
人權學堂成立於2009年11月19日，
我們有一個願望，所有人都能在維護人的尊嚴並且相互包容的和諧社會中，
維護人權，實踐人權；
我們有一個願望，所有人都能在永續開放的社會中，
學習人權，創新人權；
我們有一個願望，所有人都能在相互理解、彼此關懷的人權都市中，
奉獻人權，享受人權；

· 上圖：高雄人權紀念相關地點

· 下圖：世界各國人權鬥士

資訊。人權學堂內陳設相關雜誌、資料，免費供市民索取，也有電腦供市民瀏覽其網頁，查詢與人權有關的新聞和史料。

牆上則掛著世界各國人權鬥士的肖像及名言。比如，有鄭南榕的名言：「新聞無畏，消息無偏。」有達賴喇嘛的名言：「和平只有在人權得到尊重、人民得到溫飽、個人並國家得到自由的地方，方能持續。」有翁山蘇姬的名言：「真理、正義與憐憫，是對抗殘暴強權的唯一堡壘。」

讓我的眼睛為之一亮的，是最後一位人物——中國人權活動家和思想家劉曉波，以及他的名言：「仇恨會腐蝕一個人的智慧和良知，敵人意識將毒化一個民族的精神，煽動起你死我活的殘酷鬥爭。」看到朝夕相處十多年、亦師亦友的劉曉波的肖像出現在人潮如織的美麗島捷運站，我不禁眼眶濕潤、心如潮水。真希望每一位路過的市民和遊客，都能在此留步幾分鐘，安靜地閱讀與思考、緬懷與注目，也讓生命更有深度和廣度。

我相信，美麗島審判中那些面臨死刑威脅的民主先驅，與如今仍在獄中的中國人權鬥士一樣，心中都有不可抑止的熱愛自由、呵護人權的激情。在此意義上，人權學堂的願望也是每一個人權鬥士及現代公民的願望：「我們有一個願望，所有人都能在維護人的尊嚴並且相互包容的和諧社會中，維護人權，實踐人權；我們有一個願望，所有人都能在永續開放的社會中學習人權，創新人權；我們有一個願望，所有人都能在相互理解、彼此關懷的人權都市中，奉獻人權，享受人權。」

美麗島的傳奇，誰來接棒？

回到現實之中，指鹿為馬的林輝煌事件充分顯示出此種事實：三十多年前那場美麗島大審判，並沒有遁入歷史隧道。沒有療傷之藥物，傷口如何癒合？沒有加害者的懺悔與道歉，受害者如何能假裝一切都不曾發生過？

難道還要繼續沉默嗎？一份名為《反對法務部推薦司法官學院院長林輝煌出任大法官》的聲明，由臺灣民間真相與和解促進會發起，人權公約施行監督聯盟、臺灣人權促進會、臺灣守護民主平台等團體聯署。這篇聲明敲響了一記警鐘：如果沒有轉型正義，威權回潮必然出現——由前秘密警察（KGB）普丁掌權的俄羅斯，民主化已然停滯甚至倒退，臺灣難道要步其後塵？

這份聲明指出，臺灣過去的轉型正義工作多僅以「受害者為中心」，關於美麗島事件的記憶，社會流傳的是反對運動菁英不屈的身影，但端坐法庭上的軍法官、軍事檢察官角色則鮮被討論。公眾沒有機會看到這些軍法官說明當年他們在加害體制中扮演的角色，是積極主動承擔？是接受分派任務沒有拒絕，或者無法拒絕？僅是體制螺絲釘，唯命是從；或者面對民主浪潮，也曾動搖原來的黨國信念？

具體到林輝煌本人，當時的少尉軍法官林輝煌，以軍事檢察官身分，以「叛亂罪」起訴黃信介等八人，在該案審判程序中扮演了極不光彩的角色。參與這一幕演戲般的審判之後，林輝煌以此作為投名狀，獲得黨國體制的信任，從此一路高升。若說他在美麗島案中是無辜的、被動執行者，無法讓人信服。解嚴之後，林輝煌繼續飛黃騰達，即便在民進黨執政時期，仍官運亨通。他與害死鄭南榕的警官侯友宜一樣，堂而皇之地佔據執法者或施政者的職位，若是那些為追求民主而獻出生命的先賢地下有知，將情何以堪？

凡走過的必留下痕跡，揪出每一個加害者，讓加害者不再心安理得、趾高氣揚，不僅是臺灣亟待完成的功課，也是未來必將實現民主轉型的中國必須完成的一個環節。二〇一五年八月，曾被共產黨統治過的多個東歐國家，在愛沙尼亞舉行的國際會議上簽署聯合聲明，宣布將設立一個類似二戰後的紐倫堡國際法庭的機構，調查共產黨統治期間的罪行，並審判參與迫害人權的前共產黨官員、法官、警察和其他人士。簽署這份文件的國家包括愛沙尼亞、拉脫維亞、立陶宛、波蘭、匈牙利、捷克、斯洛伐克、烏克蘭和格魯吉亞。終有一天，中國會汲取和效仿他們的經驗。

美麗島的傳奇並未結束。當年群情激憤的街頭運動和殺氣騰騰的大審判，是傳奇的第一章；美麗島捷運站的命名和人權學堂的設置，是傳奇的第二章；推動轉型正義，揭示真相、清除汙垢、實現和解，則是傳奇的第三章——這最後一章，將由誰來執筆？◆

・作者與兒子在美麗島捷運站內的人權學堂（照片由作者提供）

高雄捷運美麗島站及人權學堂

地址：高雄市新興區中山一路115號地下一樓（車站編號 R10 / O5）

電話：07-7938888

鬥陣来寫咱的
後勁歷史

雀鳥一叫，人就起來

後勁文物館反五輕運動展覽室

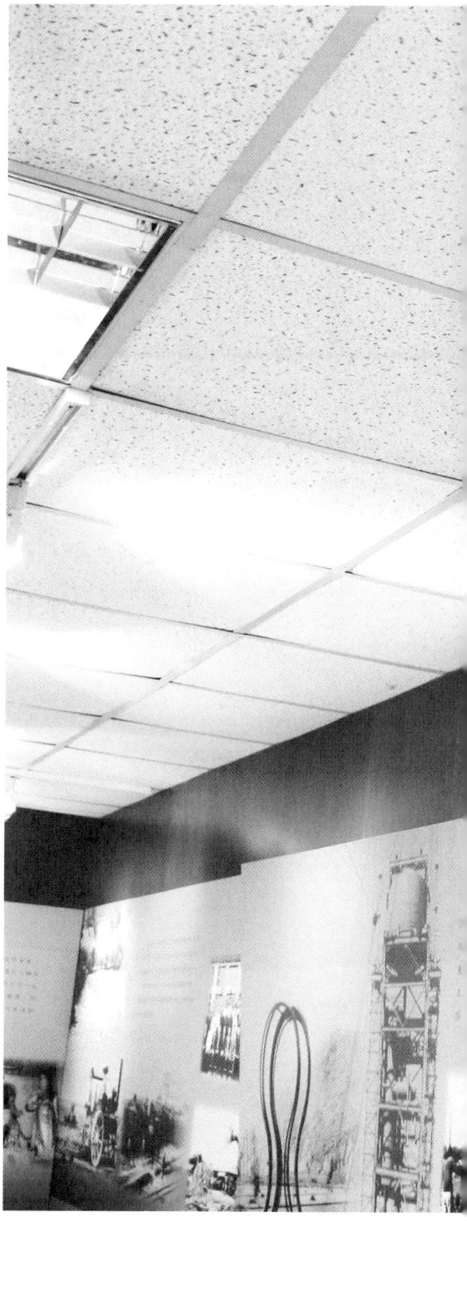

在臺灣環保運動史上，後勁反五輕運動創造了若干個「第一」，其中也有引起國際媒體矚目的議題：第一次由作為「無權者」的村民對抗大型國營企業、第一次以三十人「宋江陣」逼退數千名鎮暴隊、包圍立院流下環保史上第一滴血、第一次實施地區公投、第一次匯聚萬人大遊行、第一次實踐生態不服從主義……後勁人真了不起！

然而，後勁人並不以此為傲，因為這些「第一」是建立在更多讓人置之死地而後生的「第一」的基礎上：單位面積陸海空總污染第一、特定時段癌症比例全國第一、騷擾民居噪音量第一、天降油雨第一、地下水抽上來一點即燃第一……後勁是當時臺灣環境汙染的重災區。

後勁的環保抗爭仍在持續中，環保運動不可能畢其功於一役，而是路漫漫其修遠兮，甚至需要幾代人接力進行。環保運動也需要付出沉重代價，在上個世紀八十年代末反五輕高潮期，抗爭者多次向高雄市議會、環保署、立法院、總統府陳情，並在抗爭過程中數度引發警民衝突和流血事件，後來更成為其它地方環保運動學習的榜樣。環保運動是民主運動不可或缺的重要部分，若要尋找一個觀察臺灣環保運動歷史的地景，後勁文物館中陳列著反五輕運動史料的第六館，無疑是最佳選擇之一。

後勁反五輕運動是臺灣環保運動的先聲

接待我參觀後勁文物館的，是一個陣容龐大的團隊，讓我頗有受寵若驚之感：他們當中，有當年反五輕運動的親身參與者，有社區領袖，有環保專家，也有年輕一代社運活動人士。

我饒有興趣地傾聽這幾位在地人介紹後勁的人文歷史和自然風貌：後勁曾以好山好水聞名。後勁溪為高雄市三大河川之一，溪水清瑩剔澈，入口甘涼，溪中盛產淡水魚、蝦，並提供高雄地區一千六百多公頃農田的灌溉水源，使農產豐富，成豐腴之地。西哲說：「尼羅河，埃及的贈禮。」後勁人則自豪地說：「後勁溪，是楠梓的贈禮。」而半屏山列嶂，如畫屏般，聳立高雄平原，向西瞭望，與打狗山形成犄角。山中喬木繁衍密蔭，並盛產猿猴，雨夜鳴啼不絕，致使「屏山猿啼」列為楠梓八景之一。

隨著現代工商業的迅猛發展，農耕時代的良辰美景已成過往。水中沒了魚蝦，山上沒有了猿猴。上世紀七〇年代以來，後勁由農村蛻變為工業區，臺灣最大的煉油廠與加工區均設於此，整體景觀和人文背景遂徹底改變。

一九八七年，中央政府為推動國家利益經濟考量，通過在後勁地區興建中油公司第五輕油裂解廠的計劃，由此引發一系列激烈的環保抗爭。在尚未解嚴的情勢之下，後勁居民不畏政府之專橫強暴，組成〔反五輕自力救濟委員會〕，進行了長達三年多的艱苦抗爭。這場運動在人們長期間理性、團結之努力下，喚起全國民眾的支持，終於獲得階段性的勝利。

我一邊聽講解，一邊登樓參觀後勁文物館。我向來對地方風物有濃厚興趣，哪個地方的人們重視整理本地的文物風俗、方志史料，哪個地方的人們才真有愛國情操，正如英國作家C.S.路易斯所說，民眾自發的鄉土之愛勝過官方操縱的愛國主義和民族主義，對國家的熱愛，必須建立在對家鄉的熱愛之上。這就是地方自治精神之精髓。

進入後勁文物館，我大開眼界。館內展示分為七大部分：自然生態、文化結構、大事誌、人與神明、產業、聚落與空間、反五輕運動與行政沿革。可以說，花上兩個小時仔細參觀這個文物館，就能對後勁的一切瞭如指掌。文物館中，「鄭成功軍隊頭盔」、「宣德爐」與「後勁仕紳諱明德林公墓碑」，為其代表性的珍藏文物。一個小鎮居然能創設一座藏品如此豐富的博物館，比之歐美先進國家亦毫不遜色。

我最感興趣的是第六館，即反六輕運動展示室。臺灣早期的環保運動，以社會學家蕭新煌之分析，有軟、硬兩種不同的路線。軟性路線以文藝圈和學生為主，注重生態保育，以及環保觀念的傳播。硬性路線則以公害、汙染受害者為主，他們為了求基本的生存，加之在既有的行政和法律層面求告無門，被迫

· 下圖：作者參觀後勁文物館中珍藏的反五輕運動的史料（照片由作者提供）

走上街頭抗爭之路。早期「硬碰硬」的環保運動，有大里反三晃、新竹水源里反李長榮、鹿港反杜邦等，但唯有後勁人專門為反五輕運動創建了一間展示廳，展出相關資料和物件。後勁人自豪地說：「後勁文物館是臺灣土地上一座環保標幟，它的誕生對維護資源保護環境生態具有催化作用，促使政府對環境保護問題重視。」

「籍籍無名的人、才是我們星球的主體」

一九九八年諾貝爾文學獎得主、葡萄牙作家薩拉馬戈說過：「籍籍無名的人、才是我們星球的主體。」在展覽室牆上展出的若干圖片中，我看到那些普通居民和農夫的臉孔和身影，而少有振臂一呼的政治領袖和明星，正如在地環保先鋒劉永鈴所說：「我從來不信這些政黨！百姓啊，你得將力量、智能、熱情、知識、資源用在自覺與自決，自己、地方要自行提出主張、理想或藍圖，要明白自身的主權與目標。政黨的利益跟我們百姓的利益不同啊！他們要的是他們的政治、權勢、資源、利益的永續，我們要的是環境、生靈的基本生存權而已……」

一九九〇年，後勁人奔赴臺北情願，行政院長郝柏村親自率領一千多名防暴警察鎮壓抗議民眾。郝柏村以為用將軍指揮作戰的方式，就能在瞬間打垮這群烏合之眾。卻沒有想到，站在最前面的是一群風燭殘年、步履蹣跚的老人家，他們堅守在總統府外面，一步也不退卻。郝柏村無計可施，灰溜溜地退兵而去。

後勁反五輕運動蔚為大觀，跟後勁的文化傳統和民風息息相關，生態學者陳玉峰分析說：「後勁反五輕，它的背後或社會文化底層的結構，存有兩股一體兩面的精神力量：一股是臺灣傳統宗教信仰價值觀；另一股是鄭成功、陳永華開台的倫理情操。」後勁之經營，始於明鄭時期，鄭成功驅逐荷人之後，是「中央收稅，地方汙染」，中央只要拿到大筆稅收，就全然不管重工業區遭受嚴重汙染，以及附近居民的健康。

一位當年反五輕運動的親歷者向我介紹說，此一環保災難的背後是中央集權的體制問題，換言之，就專到後勁舉辦「後勁溪環境之旅」……此後，後勁反五輕運動中很少跟警方發生肢體衝突。

實戰經驗。比如，環保聯盟到鳳屏宮舉辦幹部講習，社運專家到鳳屏宮與民眾座談非暴力抗爭，嘉南藥生。其次，鑒於早期後勁抗爭中出現三起暴力事件，知識分子和各環保組織來到後勁，傳授社運理論和溪／後勁溪學生工作隊』，活動時間約一週。」參與者還有來自北醫、中山、輔仁、中央等各大學的學鄧丕雲在《八〇年代臺灣學生運動史》一書中記載：「一九八九年八月由高雄社運工作室舉辦『北港

那時，學生和知識分子是後勁人的天然盟友。首先，有許多學生組成後勁溪工作隊，聲援後勁鄉民。

上街頭抗爭，就是正在準備走上街頭。後勁人的反抗適逢其時。

波，各種經驗和資訊不斷傳入臺灣；就臺灣的社會狀況來看，當時臺灣進入狂飆突進時代，民眾不是走後勁抗爭的勝利，更在於環保與社運之結合。就國際大背景來看，八十年代全球掀起環保運動的第三

學，戶外活動中就有讓孩子們演練宋江陣這個項目。孩子們興高采烈地扮演古代戰士，個個英姿颯爽。

人活學活用，以宋江陣抵抗警察的衝鋒，還真頗有效果。如今，後勁的中小學校對孩子們推行鄉土教後勁文物館收藏有兩三百年前的「宋江陣」圖紙，據說早年為軍營練兵所用。在反五輕抗爭中，後勁

城，因民風剽悍，義行勇為，詠為傳頌。

「後硬」稱之，是基於軍事原因得名。後勁的早期駐軍與左沖鎮、左營鎮三足鼎立，守衛舊鳳山縣治土社，斬茅為屋，農隙之時，訓以武事，俾無廢弛，以圖養兵儲糧，而後可圖長治也。後勁被一般人以開墾，於是五軍果毅，各赴曾文溪以北，前鋒、後勁、左衝各鎮赴二層行溪之南各擇地屯兵，插竹為諮議參軍陳永華之議，實施「屯兵政策」。僅留勇衛，侍衛二旅，以守安平承天府，餘鎮各按分地南北即以臺灣為反清復明之基地，號召閩粵移民，共赴國難、生聚教訓。明朝永曆十八年，鄭經繼位，從附

民身心飽受折磨。那麼，怎樣才能打破這種惡性循環？若是落實地方自治原則，地方居民在此類工程的興建上有強大的話語權，就不致出現此種惡劣結果。只可惜，當時後勁人雖然爭取到《公民投票法》制訂前的首次公開投票，堅決反對者多達六成以上，但公投並未對政策造成實際影響。

我默默地凝視著一張張圖片上那些飽經滄桑的面孔，不禁想起晚清重臣李鴻章在割讓臺灣給日本的《馬關條約》上簽字時，為推卸自身責任，污衊臺灣的那句話——「鳥不語，花不香，男無情，女無義」。李鴻章錯了，而且錯得離譜：放在今天來看，鳥不語，花不香的環境災難，是那些貪婪冷酷的官商的傑作，而非臺灣的自然環境原本如此；要破解此種不宜居住之災難、讓臺灣回歸鳥語花香，必須倚靠像後勁居民這樣有情有義、有勇有謀的臺灣人，如同北港義民廟正殿的一幅對聯所說：「古民族未可輕視，真英雄大抵無名！」

環保尚未成功，同志仍須努力

經過後勁人堅持不懈的抗爭，他們獲得了「以空間換取時間」的勉強可接受的結果：五輕廠於一九九〇年動工，中油和政府承諾撥出十五億回饋金，以及二十五年後遷廠的決定。

當年，反五輕精神的總綱領是：「不妥協、不求償、不退縮；只求還我清新空氣、乾淨土地、無汙飲水的健康環境。」二十多年來，後勁人一步步地走過來。文物館負責人告訴我，圖片上好些爺爺奶奶級的老人都已離開了這個世界，但那一頁歷史並未完全翻過去。

一九九四年，工廠建成投產後，相繼發生油槽外溢、第二真空管製氣油工廠爆炸事件，再度刺激居民發起「黃絲帶運動」抗爭。一夜之間，黃絲帶遍布後勁的街頭巷尾，正是「滿城盡是黃絲帶」。

二〇一三年在臺灣上映的紀錄片《看見臺灣》，引發萬人空巷的效應。影片中，除了航拍的那些美輪

・右下圖：作者與後勁文物館工作人員及在地文史工作者合影（照片由作者提供）

後勁文物館反五輕運動展覽室

地址：高雄市楠梓區學專路777號5樓
電話：07-3640236
參觀時間：每週日 09:00-16:00
其他時間需團體預約（預約專線：0935-654170）

美奐的畫面，更有讓人觸目驚心的環保災難。紀錄片拍攝到後勁溪遭到多家工廠排放工業廢水，引發全台民眾的憤怒。

政府的作為總是比民間的監督慢半拍。高雄市環保局在輿論的壓力下行動起來，查獲半導體封裝測試廠日月光設在高雄楠梓加工區的K7廠是偷排廢水的廠商之一。環保局表示，日月光廢水酸度高且含鎳，恐會汙染梓官、橋頭區的農業用水；毒物科醫師表示，鎳是世界衛生組織認定的致癌物，人體若食用超量含鎳食物，可能引發肺癌、攝護腺癌，若農田遭重金屬汙染，甚至需要長期休耕。

環保局對日月光的工廠開出處罰命令。但是，那點罰款算是隔靴搔癢。等待風頭過去，此類無良工廠又會開足馬力、大量排汙。資本家的本性是貪得無厭和屢教不改，若無更強有力的法律制約，不會良心發現。後勁居民的苦難仍未結束，這一場漫長而艱鉅的環保戰爭，還在進行當中。

時至今日，臺灣官商黑金聯盟仍穩如磐石，他們對環境的破壞並無收斂。後勁民眾不敢掉以輕心，以枕戈待旦的心情應對，如果稍稍修改孫文遺囑中的那句名言就是——「環保尚未成功，同志仍需努力」。學者陳玉峰在《環保神明大進擊：後勁反五輕世紀終戰前夕》一書中敏銳地指出：「後勁反五輕運動的『諾曼地大登陸』即將於二〇一五年底『兌現』，超過四分之一個世紀的堅持能否圓滿達陣，絕對是臺灣世紀轉型的重大指標之一。」我們期待著後勁早日重現青山綠水的風貌。◆

紀念公園

昔日斷根草，今成芙蓉花

勞動女性紀念公園

旗津是高雄港的發源地之一，旗津的名字來自於陡峭的石灰岩山形似旗幟，古人稱之為「旗鼓堂皇，維揚我武；津樑鞏固，克狀其猷」。位於旗津的勞動女性紀念公園，是一處「面朝大海，春暖花開」的地方。那座巨型的紀念碑，是一朵柔美而堅韌的蓮花，在海風的吹拂下，粉紅的花瓣彷彿正是盛開的季節，翩翩起舞、美不勝收。

然而，就在這海天一色的美景背後，卻隱藏著一個悲慘的故事。湛藍的大海，對於前來休閒度假的中產階級來說，是良辰美景；對於那些每天都要乘坐渡輪往返的女工來說，則是單調乏味甚至充滿危險的旅途。這個悲慘的故事剛好發生在我出生那一年：一九七三年九月三日清晨，一艘由旗津中洲開往高雄的渡輪，因為超載加上機械失靈而翻覆沉沒，二十五名任職位於高雄加工出口區的女性不幸罹難。此次事故死難的人數，雖然比不上鐵達尼號及太平輪事件，但二十五名如花似玉的少女瞬間遭遇滅頂之災，多少家人朋友為之心碎！而且最年幼者僅十三歲，其中還有姐妹同時喪生者。囿於當年民間的習俗，這二十五名未婚罹難者被合葬於旗津的荒郊野外，成為「二十五淑女公墓」。

二〇〇八年，高雄市政府將位於旗津三路「二十五淑女公墓」的現址重新整修，更名為「勞動女性紀念公園」，將這二十五位年輕女性定位為「六〇年代為臺灣經濟建設奮鬥的工殤少女英雄」，也藉此希望社會大眾重視兩性平權與勞動安全的議題。國家文化總會也將這裡標記為臺灣女性文化地標之一，以緬懷臺灣女工對臺灣經濟發展的付出與貢獻。

兩篇碑文，兩個時代的人權觀

從「二十五淑女公墓」到「勞動女性紀念公園」，不僅是名稱的變化，更是兩個時代人權觀蛻變與發展的例證。

來此之前，我查考了有關「二十五淑女公墓」的資料。從照片上看，其建築模式與臺灣鄉下那些醜陋不堪的墓地並無兩樣，二十五個墓碑擠擠挨挨，凌亂破舊，這樣的地方顯然很難成為「旗津居民重要的當代生活史蹟」。而紀念碑文如此寫著：「中華民國六十二年九月三日，中洲前鎮間渡輪高中六號於航行途中，舟小人眾，機件失靈，釀成傾覆慘禍，罹難者廿五人多為中洲少女，雲英未嫁，遠痛滅頂，變起瞬間，天人永隔，惡耗傳出遐邇驚悼。本府除數度邀集地方首長商洽撫卹弔亡等善後事宜外，另於中洲專設墓地一所，將罹難同胞共同集葬於斯，以使同命芳魂地下仍可不孤，且誌人謀不臧之過，以惕勵從事者之心，謹立此碑，以垂永念，而誌哀思。」此碑文半文半白，遮遮掩掩，陳腐之氣，撲面而來。雖然對罹難女性不無同情與悲憫，卻對罔顧勞動者生命安全的政府機關、輪船公司及工廠企業毫無批評和譴責。一場人禍被扭曲成純粹的天災，於是，事件中只剩下受害者，加害者或責任方消失得無影無蹤。

如今，在「勞動女性紀念公園」蓮花紀念碑上鐫刻了嶄新的碑文及受難者名單。碑文由高雄市市長陳菊撰寫，陳菊是臺灣女權運動和民主運動史上的風雲人物，她由美麗島事件的囚徒成為臺灣第二大都市的首長，這段經歷跌宕起伏、可歌可泣，由她來為不幸罹難女性同胞撰寫碑文，當之無愧。新的碑文是這樣寫的：「在此安眠的，是廿五位在勞動前線上奉獻生命的女性。一九七三年九月三日，她們乘坐高中六號渡輪，由旗津前往加工出口區上班，因渡輪傾覆，而於通勤過程中殉職。高雄市政府將罹難者合葬，名為『二十五淑女墓』，作為旗津居民重要的當代生活史蹟，及基層勞工為臺灣經濟成長奉獻生命的血淚見證。但『淑女』之稱，隱含刻板性別意識，而忽略女性勞動者的貢獻，及職場公安的重要。爾後，臺灣工運婦運蓬勃發展，高雄市政府在高雄市女性權益促進會等團體建議下，將『二十五淑女墓』正名改建為『勞動女性紀念公園』，以紀念二十五名工殤烈士。國家文化總會亦於二〇〇六年標誌此處為女性文化地標，以懷念漁村女兒作為家庭支柱、經濟發展尖兵，堅強打拚的可貴情操。祈願我們能共

・下圖：作者在勞動女性紀念公園參訪（照片由作者提供）

同打造一個屬於勞動者的國家、屬於弱勢的城市，以不負這二十五個美好生命的逝去。」碑文用流暢的白話文寫就，事實陳述清晰簡潔，觀點評述一目了然。

對比之下，這兩篇碑文高下立現：前者語焉不詳，欲語還休，罔顧女工和童工未受法律保護的窘況，卻特別強調二十五名年輕女性的未婚身分。後者則直接點出這個悲劇的兩大啟示意義，一是勞動女性的堅韌卓絕、默默奉獻；二是當年臺灣經濟騰飛的同時，勞動保障制度及職場公共安全的缺陷。

誦讀完碑文，我漫步在周圍的花圃和步道之間，祈禱這樣的悲劇從此不再重演。

讓她們的靈魂得自由

我不喜歡「二十五淑女公墓」的命名方式，不僅因為陳菊在紀念碑文中所說的「淑女之稱，隱含刻板性別意識」，更因為這一稱呼背後是儒家文化中最讓我厭惡的男尊女卑的等級觀念，以及一種當權者居高臨下的視角，由上到下恩賜的「被紀念的權利」，就如同馬英九對原住民說「我把你們當人看」一樣——他已然傲慢到以為自己很謙卑，把別人當「人」看這一點，似乎足已顯示他本人何等偉大與寬容。

國民黨口頭上宣揚三民主義，骨子裡卻是儒家專制主義。誰才配得上「淑女」的稱呼呢？當然是由那些掌握話語權的男人說了算。所謂「二十五淑女公墓」的命名，是中國兩千多年來皇權專制文化和男權中心主義文化中「貞節牌坊」的翻版。貞節牌坊不是平民百姓家想蓋就蓋的，必須由皇帝或地方官員恩准或嘉許，才能破土動工。千百年來，各地各家，為了可以修建一座更大、更高、更華美的貞節牌坊，不惜讓家中失去丈夫的女子立馬殉節而死——她死後才能跟那些金榜題名、出將入相的男子一樣「光宗耀祖」。

「二十五淑女公墓」的出現，更源自當時臺灣的一種荒誕不經民間宗教迷信：人們認為單身未嫁女性不能列入祖先牌位，一般都會採取冥婚或是設廟立祠兩種方式讓其有所依歸。這種可以稱之為邪惡的民間宗教迷信，居然長盛不衰，可見臺灣社會的精神現代化還有一段漫漫長路要走。在臺灣，許多粗陋不堪的民間宗教迷信，被當作優秀的文化傳統鼓吹和宣揚，甚至由文化部塑造成某種獨一無二的「臺灣特色」，耗費巨資組團到世界各國巡迴表演，真是讓人汗顏。

人言可畏，人心叵測。不久之後，「二十五淑女公墓」不幸成為一處常常出現靈異事件的「鬼景點」，甚至入選臺灣網友票選的「臺灣十大鬼景點」。由於事件的罹難者均為未婚女性，傳言男子若是於深夜獨自騎機車經過此地，經常會莫名其妙熄火或摔倒，這是死去的少女們不甘寂寞而搞出的惡作劇。也有傳言說，在深夜常可見到身穿白衣的少女行走其間。而旗津海水浴場溺水事件頻傳，據說也與死於船難的少女們有關。在被穿鑿附會了許多靈異事件後，「二十五淑女公墓」甚至變成一座「姑娘廟」。一時間，此處一到夜晚便人跡罕至。罹難者家屬對於這些荒誕不經的傳說相當排斥，認為捕風捉影的傳言對無辜受害的少女造成二次傷害。可是，他們對於三人成虎的「惡性輿論場」無能為力，只好任由其謬種流傳。

此一現象背後是「弱者凌辱更弱者」的心理特徵，以及種種醜陋不堪的民間迷信作祟。臺灣作家宋澤萊寫過《血色蝙蝠降臨的城市》等寓言體小說，他認為臺灣是一座「靈異之島」，臺灣人民需要經歷基督信仰和現代文明的洗禮，才能從那些邪惡曚昧的民間宗教迷信中掙脫出來，過上自由和有尊嚴的生活。確實，圍繞「二十五淑女公墓」的種種靈異傳說，遮蓋了該紀念地本身蘊含的人權和民主價值，使之成為「人性惡」之犧牲品。那麼，臺灣的進步力量和地方政府，有沒有可能反戈一擊，幫助這一地景擺脫儒家男尊女卑的等級觀念和民間宗教迷信的束縛呢？

女性與勞工：重疊的人權地標

轉機出現了，隨著臺灣民主人權意識的深化，「二十五淑女公墓」更名為「勞動女性紀念公園」，名字改了，空間設計也煥然一新，參觀者在新的空間的感官經驗和認知跟著改變。

二十五位工殤受難者的骨甕，已移至蓮花雕塑紀念碑內，不再像傳統墓地那樣陰風慘慘；而紀念碑基座上銘刻著每個遇難者的名字，又顯示出對每一個生命個體的尊重與敬畏。這種公共空間點石成金式的創造性轉化，正如有評論者所論：「從墓園原有的祭拜意涵轉化到『紀念』女性勞工，從單一船難事件提升到歷史事件，正視其凸顯的重要議題，省思當時社會結構的問題，肯定勞動女性的貢獻。」

「勞動女性紀念公園」這個名字，包含兩種人權觀念：首先，是「勞動」一詞背後的勞工權益。在此，必須回顧罹難者所處的時代背景：一九六六年高雄加工出口區成立，同時也是臺灣社會快速轉型的里程。高雄港的大量勞動密集型企業，需要吸收農村低廉勞動力。當時生活困苦的漁村少女，尚未完成基礎教育，被家人剝奪了繼續學習的機會，奔赴加工出口區的工廠上班掙錢、養家餬口。高雄加工出口區設立後短短十年間，全臺灣三座加工區廠商直接僱用的勞動人口數便高達七萬人，其中百分之八十五是女性。臺灣的經濟起飛，女性功不可沒。

當時，勞工權益缺乏基本保障，在勞工中更加弱勢的女工，用張愛玲的話來說，更是「比塵埃還低」。一九七三年的這場船難，換來此後交通安全意識的覺醒和勞工權利的進步。如今，往返高雄前鎮與旗津的渡輪，已由民營改為由高雄市輪船股份有限公司經營，並為乘客投保每人新台幣貳百萬元的意外險。而在職場工作條件和福利制度上，更是一步步提高和完善。

其次，是「女性」一詞背後的女權意識。過去，在華人文化圈內，許多空間的地景，如紀念碑、紀念館都以男性為主，女性及其相關的歷史事件，幾乎被忽略和遮蔽，即便在地圖和史書中也隱而未現。在此背景下，由高雄市政府、中華文化總會與相關性別、女性、勞工團體共同推動，勞動女性紀念公園成為臺灣女性文化地標中唯一由政府公家機關高雄市政府設置及出資建蓋的一處，其意義相當重大。

唐代詩人李白有一首寫閨怨的詩歌，「昔日芙蓉花，今成斷根草」，無窮的哀怨盡在不言中；勞動女性紀念公園的出現，則將這兩句詩改寫成——「昔日斷根草，今成芙蓉花」。近年來，在臺灣的職場上，男女平等通過立法深入人心。臺灣陸續在二〇〇二年施行《性別工作平等法》，二〇〇四年施行《性別教育平等法》，二〇〇六年施行《性騷擾防治法》，「性平三法」讓在中國文化和日本文化中倍受壓抑的女性揚眉吐氣。臺灣自二〇〇〇年以來已經有過女性副總統呂秀蓮，二〇一六年又迎來女性總統蔡英文，當年罹難的二十五位少女若是知曉這一切，大概會倍感欣慰吧？◆

勞動女性紀念公園

地址：高雄市旗津區旗津三路

・左上圖：高雄市長陳菊主持「九八年工殤紀念暨勞動女性紀念碑」春祭典禮（取自新聞資料）

・右上圖：昔日的二十五淑女墓成為謠傳靈異事件之地（取自新聞資料）

精

海上千烽火，沙中百戰場

古寧頭戰史館

最早聽人講述古寧頭戰役的故事，是從在美國華府遇到的一位來自臺灣的阿姨口中。她的父親曾出任金門防衛司令，她從小就從父親那裡聽到關於那場戰役金戈鐵馬、血肉橫飛的故事：一九四九年十月二十四日夜，共軍夜襲金門，與國軍在西北方之壠口、林厝、古寧頭一帶，展開長達三天三夜之激戰。國軍奮勇作戰，終於保住了金門。

「古寧頭戰役」與後來的「八二三砲戰」皆是「中華民國最後的領土戰爭」，戰爭的規模雖遠不如國共兩黨逐鹿中原期間動輒數十萬人的大戰役，其結果卻奠定了此後半個多世紀兩岸對峙、各自為政的格局。在國共內戰中，古寧頭戰役是共軍少有的一次慘敗和國軍少有的一次大獲全勝；在臺灣的當代史上，它更具時代意義：若戰爭是另一種結果——金門失守，共軍必將乘勝追擊，集中兵力侵犯臺灣。那麼，在美國已宣布放棄臺灣的國際背景下，如驚弓之鳥的國民政府是否能靠自身力量固守臺灣，只有天知道。

我幾度訪問臺灣，一直未去金門。直到金門大學劉名峰老師邀我前去演講，才有機會飛往金門，並參觀古寧頭戰史館。

我們驅車經過一個模仿山海關古城牆的城門，上面寫著「古寧頭」三個大字，便知道已進入園區。然後，看到道路中間有一個已廢棄的反空降堡。當年，國軍為防範共軍來襲，在金門的主要道路交叉處都設置反空降堡，有士兵晝夜守衛。如今，此類堡壘大都已拆除，這個堡壘是特意保留下來，讓後人體會戰時緊張氛圍的。

走過一段綠蔭大道，便來到戰史館外的廣場上。戰史館外部造型為仿古城堡，正門城廓兩邊有巨型浮雕，描繪著當年國軍英勇奮戰的情景。館前正中擺置一尊自由戰士銅像，其穿著與裝備還原了當年國軍士兵的窘況——頭上是布帽，腳下是草鞋。據說，原先的塑像，士兵頭戴鋼盔、腳穿軍靴，威風凜凜，卻不符合當時的實情，受到參戰老兵置疑，之後才重新塑造今天的這尊。在此受民眾瞻仰的，不是領

319　古寧頭戰史館

袖，而是無名戰士，如同美國首都華盛頓的硫磺島之戰紀念碑、韓戰紀念碑和越戰紀念碑，這種紀念方式值得稱許。這些無名的戰士功不可沒——若沒有古寧頭一役的勝利，就沒有臺灣的安定以及日後的經濟騰飛和民主轉型。

近年來，臺灣軍中發生一系列醜聞，如洪仲丘事件、阿帕契事件，軍隊在民間的聲望受到沉重打擊，再加上臺灣承襲中國傳統文化中重文輕武、「好男不當兵」的價值觀，民間對於軍人缺乏應有之尊重，這將嚴重影響軍隊的士氣和國防的實力。在今天臺灣社會藍綠對峙的政治格局中，某些藍營人士為討好中共，對金門之戰中的先烈和英雄刻意視而不見；某些綠營人士則因為反對國民黨，而對國軍的功勳竭力貶斥，以致於金門戰役在兩種歷史敘事中都被邊緣化。這種歷史虛無主義，對國軍將士極不公平，更不利於臺灣主體價值的打造，以及凝聚民心士氣對抗對臺灣虎視眈眈的中共政權。

戰史館中不會提及的「無名英雄」：孫立人與根本博

戰史館大門兩側，安置著曾參加古寧頭戰役的「金門之熊」——在戰鬥中立下赫赫戰功的戰車。國軍的裝甲部隊在徐蚌會戰損失殆盡，這批戰車是二戰中美軍遺棄在菲律賓叢林中的舊物，美方移交國軍，算是廢物利用。在當天下午的演習中，戰車出現機械故障，被迫滯留在沙灘上。陰差陽錯地，在共軍搶灘登陸之際，戰車成為狙擊共軍的鋼鐵堡壘。

戰史館內陳列了參戰的國軍部隊的編制、番號、將領等資料，還有國軍將領的戰情彙報、從戰場上繳獲的共軍的各類武器，以及國民政府頒發的勳章、獎狀和戰旗等。

古寧頭戰役結束三十年之後，國軍內部為爭功，就金門保衛戰指揮權和功勞歸誰發生激烈爭論，主要焦點在湯恩伯與胡璉身上。其實，兩人都不是主要功臣：湯恩伯是「常敗蔣軍」，膽怯無能，此前多次

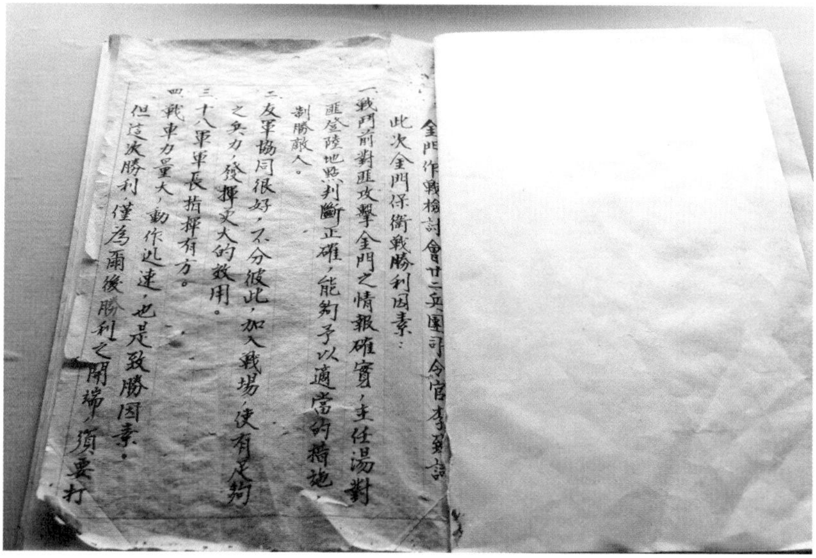

金門作戰檢討會廿二兵團司令官李[illegible]詞
此次金門保衛戰勝利因素：
一、戰鬥前對匪攻擊金門之情報確實，主任湯對
匪登陸地點判斷正確，能夠予以適當的措施
制勝敵人。
二、友軍協同很好，不分彼此，加入戰場，使有足夠
之兵力，發揮更大的效用。
三、十八軍軍長指揮有方。
四、戰車力量大，動作迅速，也是致勝因素。
但這次勝利，僅為爾後勝利之開端，須要打

・上圖：牆上不會出現的兩個名字：孫立人與根本博

・下圖：戰爭功勞爭論

哀求蔣介石調他回臺灣；後來就任「金門防衛司令部」第一任司令的胡璉，雖被譽為金門的「現代恩主公」，但激戰時並不在金門，他登上金門島時戰爭已接近尾聲。

古寧頭戰役中的無名英雄，是古寧頭戰史館中絕對不會出現的兩個名字：孫立人與根本博。

古寧頭戰役的主力部隊之一，是孫立人親手訓練之青年軍二〇一師，師長為鄭果。該師擔任瓊林至瓦后沙、壠口、觀音亭、古寧頭一帶的防衛，尤其壠口至古寧頭「東西一點紅」之間海岸，這片正面廣約五千公尺、縱深五、六百公尺的地方，是共軍最有可能的登陸點。根據孫立人訓練時的指導思想，該師的戰術原則是殲敵於登陸未穩之際，戰事的發展果然如此。

最早發現敵軍登陸的正是二〇一師官兵。根據沈克勤編著的《孫立人傳》記載，經過第一波兩個多小時的激戰，該師官兵打死敵人三、四千人，志在必得的共軍這才知遇到勁敵。天亮之後，「共軍的目標非常顯明地暴露出來，沙灘上又沒有地形地物可以利用，遂成為二〇一師官兵的活靶子。共軍被迫往一大片農地裡跑，步炮協同作戰的部隊就往農地裡追，雙乳山那邊的守軍也跟著壓迫過來，共軍只有盲目地亂跑亂竄，戰場的面積越縮越小，他們的人又愈集愈密。哪知新軍是有名的神槍手，大白天比不得黑夜，這邊步槍機槍齊放，共軍便一排一排地倒下去，我軍反攻的包圍一再緊縮，共軍狗急跳牆似的一窩蜂撲向大海。戰況之慘烈可見一斑。」

戰役勝利後，十月二十八日上午，時任東南軍政長官的陳誠與臺灣防衛總司令孫立人搭軍機前往金門視察，陳誠聽取諸將領的彙報之後當場裁決說：「勝利是由二〇一師開始，勛獎分配，二〇一師應佔參戰部隊的半數。」在後來的慶功會上，鄭果師長說：「訓練確實重於作戰，我們這次能打敗敵人，全應歸功於孫司令官的平時訓練。」不久後，前來金門參觀的美國參議員諾蘭指出，這次戰役是中國整個反共戰爭的轉捩點，他甚至將其形容為第一次世界大戰中的色當之戰。若無孫立人在臺灣訓練新軍，金門和臺灣都難以固守，孫立人無疑是第一大功臣。然而，孫立人後來遭到蔣介石整肅，以莫須有的罪名軟

告全師官兵同志書

鄭果

各位同志：

· 左上圖：孫立人在鳳山親自指導二〇一師官兵操作衝鋒槍。孫不分寒暑，親自督訓部隊，尤其注意基本的射擊與武器操作，甚受官兵的愛戴。這支部隊成為金門保衛戰的中堅力量。（取自新聞資料）

· 右上圖：國府於一九四八年底，才於美軍之手以廢鐵之名義接收了一批M5A1輕型戰車。這批戰車並未在大陸戰場中發揮功用，但卻在此次古寧頭戰役中表現精采，被譽為金門之熊。（取自新聞資料）

· 左下圖：鄭果將軍所作陣亡將士悼詞。該師能從一大陸敗退之師，蛻變為能戰勁旅，實為在孫立人鳳山練兵再造之功。孫立人的鳳山整軍，不但是中華民國國軍復興的起點，更是臺灣由一邊陲省份一躍成為軍事重鎮的關鍵。這對往後的中國和臺灣歷史，乃至於東亞的冷戰局勢都有關鍵性的影響。（取自新聞資料）

· 右下圖：在金門古寧頭大捷中被俘虜的共軍有四千餘人，其中三千人在一九五二年被國軍以漁船分批遣返大陸。中共對這批被遣返的被俘共軍採取「一律開除黨籍、軍籍，遣返老家種地」的處置，其中還有一部份人被定為叛徒而判刑。十四年後這些人在文化大革命中，再度遭受嚴厲批判，縱使是農民也不能倖免，因此他們自嘲：「苦戰三天、受苦三十年。」（取自新聞資料）

· 左上圖：日本學者野島剛及其所著的《最後的帝國軍人：蔣介石與白團》（取自新聞資料）

· 右上圖：蔣介石召見金門戰役中有功官兵（取自新聞資料）

· 左下圖：左起：根本博、日本駐華大使井口貞夫、蔣介石（取自新聞資料）

· 右下圖：保衛金門的幕後英雄前日軍將領根本博。根本博在民國三十八年九月起便日夜巡視金門島，建構陣地、開闢道路，指示挖鑿岩洞與戰壕，建造有如日軍硫磺島的防禦工事，即使九年後的八二三砲戰承受十萬發砲彈也撼動不了金門。（取自新聞資料）

禁終身，他的名字在中華民國戰史中消失得無影無蹤，更不可能出現在古寧頭戰史館中。

另一位身分更敏感的「無名英雄」，是前日本駐蒙軍司令根本博中將。為了感謝蔣介石沒有將其列為戰犯，根本博於一九四九年五月初化名「林保源」（意為「保護中國的根源國民政府」）來臺灣。根本博在回憶錄中說，蔣介石親自在書房召見他，拉著他的手請他坐下，讓他感動萬分，願效犬馬之勞。從道義上而言，利用日本軍官參與國共內戰，是不值得稱道的行為。國共兩黨殺紅了眼睛，不約而同地使用此一卑劣手段。由此可見，蔣介石並非真正的民族主義者，為對抗中共，手上沾滿中國人鮮血的日軍將領照樣為其所用。（當然，中共早在東北戰役中就大量使用日軍官兵）

古寧頭戰役前夕，根本博來到金門，六神無主的湯恩伯立即將指揮權交給他。根本博迅速制訂作戰計劃，讓共軍全數上岸，再以優勢火力圍殲之。上岸的共軍被殲滅大部分之後，殘部佔領古寧頭的民宅做困獸之鬥，國軍準備用「火海」圍攻。根本博反對「火海」戰術，因為這樣會燒死許多無辜村民。他下令國軍打開包圍的一角，讓共軍到北海岸集結等待對岸支援，村民這才逃過一劫。具有諷刺意義的是，昔日在中國大陸殺人不眨眼的日軍將領在此役中對平民百姓居然比國軍將領更有慈悲心腸。

在國軍的追擊之下，共軍殘部一千三百餘人「突圍至海岸」，被困在古寧頭以北之海岸斷崖下的沙灘。根本博布置全軍推進壓縮，共軍遂陷入絕境。戰役進入第三天，胡璉率援軍登島，兩軍夾擊，將剩餘的共軍全部俘虜。

古寧頭戰役已過去六十多年，被蔣介石秘密授予中將軍銜的根本博拯救了金門島，卻見不得光，在金門不會有他的銅像。直到二〇〇九年十月舉辦的古寧頭戰役戰死者追悼會上，臺灣國防部終於承認有根本博等日本將校在古寧頭戰役參戰，國防部常務次長黃奕炳中將以「國防部代表」的身分發表聲明：「當年古寧頭戰役，感謝日本友人協助，可以說是雪中送炭。」

參觀完戰史館，我們又赴大武山忠烈祠，悼念為守衛金門獻出生命的數千名國軍將士的英靈。雖然國民黨在臺灣的統治劣跡斑斑、人心盡失；但國軍士兵為保衛台澎金馬浴血奮戰的功績，卻不能忘卻、不容抹煞，應當被熱愛自由的人們牢牢記住——今日，國軍在回答為何而戰的問題時，亦可擲地有聲地說：「為自由而戰。」誠如自由主義知識分子儲安平在上個世紀四十年代所說，在國民黨的統治下，自由是多和少的問題；在共產黨的統治下，自由是有和無的問題。所以，胡適、雷震、殷海光、傅正、成舍我、徐復觀等先知先覺的知識分子們才會棄中國而到臺灣。國軍為之奮戰的，就是那一丁點可以不斷拓展並化腐朽為神奇的自由，而不是蔣介石把持的暮氣沉沉的小朝廷。國民黨的威權統治固然不堪，卻存在向民主轉型的可能；共產黨的極權統治則惡劣百倍，若共產黨佔領臺灣，則臺灣人民的境遇與今日的中國人民一樣，沉浸於「水深火熱」之中。是故，抵抗共軍侵犯金門和侵犯臺灣，是正義之戰。

讓魔成為人，也讓神成為人

古寧頭戰役短短三天就結束了，當時並未留下太多影像資料，戰史館遂以十二幅大型油畫介紹大戰的經過，其主題分別為：戰備整備、渡海夜襲、登陸激戰、指揮反擊、壯烈成仁、古寧巷戰、火燒船隻、崖下俘虜、光榮校閱等。

然而，這些油畫的內容及表現方式是威權時代意識形態的折射，不能適應民主時代人們瞭解真實歷史的心願。我用「拙劣」這個詞來形容這批油畫，非指畫家的藝術技巧，而是指在畫家筆下，只有虛假的「神」和「魔」，而沒有鮮活的「人」。

在這些巨幅油畫中，國軍將士都經過神化處理，只差沒有像歐洲中世紀的油畫那樣，給聖徒們頭上畫上閃閃發光的「神光圈」。國軍將士個個昂首挺胸、儀表堂堂，宛如神兵天將、戰無不勝。

讓人只能仰視的，是「偉大領袖」和「民族救星」蔣介石：其中一幅蔣介石在胡璉陪同下視察戰地的油畫，因為胡璉的身高高於蔣介石，但畫面中不能出現下級比上級高的情境，畫家遂靈機一動，作出特別安排——讓蔣介石站在一塊岩石上，胡璉在其身後彎腰彙報，如此，蔣介石就顯得比胡璉偉岸。

另一幅是蔣介石在檢閱車上揮手檢閱三軍的油畫，蔣所佔據的空間比周遭的將士都大。據說，無論從那個角度看，蔣介石的檢閱車都像是開向參觀者的方向。在彼岸的共產黨中國，文革時代表現「紅太陽」毛澤東的繪畫和音樂，藝術家們使用的也是類似手法，只是更為誇飾和張揚。

如果說蔣介石和國軍是神，那麼共軍就成了魔。在這批油畫中，共軍士兵個個衣衫襤褸、面黃肌瘦，看上去就是不堪一擊的必敗之師。在畫面裡，共軍士兵要麼倉皇逃竄，跪地求饒，要麼傷痕累累，醜態百出、不復人形。然而，我心中產生了一絲疑惑——如此描繪共軍官兵，反倒無法彰顯國軍的英明神武：打敗這樣一支潰不成軍的敵軍，似乎並不值得驕傲和歡慶。

這是一種對敵人的「非人化」處理方式。美國學者史密斯在《非人：為何我們會貶低、奴役、傷害他人》一書中指出，非人化是生物學、文化和人類思維結構三者共同的產物。一旦將對方作出非人化處理，將其當作「亞人類」，他們就變成可以奴役、折磨、甚至消滅的對象——而這些方式我們都不會允許拿來對待同類。在大規模的戰爭、種族滅絕和其他形式的大規模使用暴力的極端狀況下，非人化如同秘密武器一般，被統治者廣泛使用。對共產黨和國民黨而言，「非人化」是重要的統治術和宣傳手段：經過「非人化」之後，中共理直氣壯地迫害和殺戮地主、資本家、右派、反革命等人群；同理，國民黨在二二八屠殺中，也將屠殺的對象非人化為漢奸和暴徒，官兵開槍殺人時毫不手軟、也毫無憐憫之心。

古寧頭戰史館的一扇側門內有一處長長的坑道，通向沙灘下的觀察哨所，從觀察孔可以望到對面的中國大陸。蔣介石和蔣經國都曾來此視察，哨所中的牆上還有蔣氏父子視察前線的歷史圖片展。沿海的地下室極為潮濕，照片大都長出點點霉斑。霉斑才不管你是不是偉大領袖，照樣爬上你的臉龐。

陪同我參觀的學者劉名峰，近期正在研究各類展覽館中的歷史敘事和意識形態。他認為，對於許多與戰爭有關的博物館，西方世界經常是以「黑暗旅遊」的方式來處理——在戰爭的殘酷裡，我們得以反思人的境況。然而，在東方世界裡，雖然也很喜歡討論戰爭，但討論的目的是為了榮耀自身，或責難他者。西方是「垂直」的「神——人——魔」關係，但是東方則是「水平」的「天使——魔鬼」的關係。所謂「水平」，是因為「天使——魔鬼」，其實都是「世俗」的，並且「我一定是天使」、「對方一定是魔鬼」。於是，對戰爭的談論，「榮耀自身、妖魔他者」的現象就特別強烈。東方世界欠缺一個為所有的人都接受的「公道」，即一神信仰；而在一個多神信仰的世界裡，不單單「神——魔」之間的關係是世俗的，而且很容易落入「權力邏輯」，沒有正義。換言之，有權力的就有真理，就有歷史的闡釋權。這樣的文化，不單單讓我們對於有權力的人又愛又恨，對於世界也跟著追求權力，而不會說真話、為正義獻身。我非常贊同他的這番分析。

在民主化道路上邁出大步的臺灣，應當更改古寧頭戰史館的陳列內容、陳列方式及背後的意識形態灌輸，還原真實的歷史，展示戰爭的殘酷與和平的珍貴，以及人類的自由和尊嚴永遠不可剝奪的偉大理念。◆

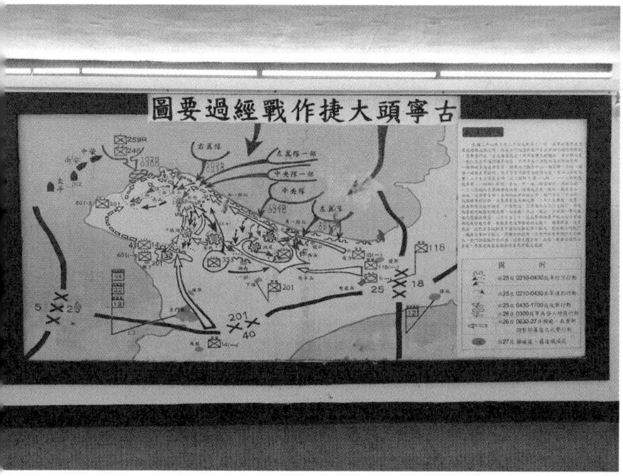

古寧頭戰史館

地址：金門縣金寧鄉北山村古寧頭
電話：082-313274
參觀時間：每日 08:30-17:00
（除夕休館）

特約茶室展示館
Military Brothel Exhibition Hall

他們的樂園，她們的失落園

特約茶室展示館

第一次知道金門有軍中茶室展示館，是在臺灣某電視臺的旅遊節目中。穿著亮麗、面目姣好的女主持人，悠閒自在地穿梭在展示館乾淨明亮的廳堂之間，輕鬆愉快地訴說著戰地往事，彷彿那裡真是一處人間樂園。

後來，我又看到在金馬獎頒獎典禮上大出風頭的電影《軍中樂園》以及作家管仁健在《你不知道的臺灣．國軍故事》中考證細密、文筆幽微的故事。於是，我便想，若有機會去金門，一定要去參觀這座臺灣僅存的軍中茶室展示館。

一九四九年，大批國民黨軍隊退守金門，大部分借住於民房或屋主僑居南洋的空屋，以及各村落的祠堂、廟宇。官兵長久與居民相處，難免衍生一些男女感情糾紛，甚至有婦女被駐軍強暴。澎湖、馬祖亦有類似情事發生。於是，澎湖最先創設「軍中樂園」，經反映到國防部總政治作戰部，獲准在各地試辦。

一九五二年，在金門朱子祠附近，設立了金門第一座「軍中樂園」。這個選址頗有諷刺意味：朱熹是主張「存天理，滅人慾」的理學家，當然看不起娼妓。他曾嚴刑拷打軍妓嚴蕊，企圖由此打開突破口，以生活作風問題整肅政敵。沒想到，嚴蕊是個寧死也不說謊的烈女子，朱熹弄巧成拙，引發輿論大嘩。皇帝親自過問此事，嚴蕊獲得自由身，朱熹這個偽君子則被罷官。一個卑微的軍妓打敗了道貌岸然的理學家。「軍中樂園」如今開到朱子的地盤上，豈不是再次太歲頭上動土？而且，王陽明是朱熹的傳人，蔣介石是王陽明的「不及門弟子」，蔣軍將妓院開在朱熹祠堂旁邊，難道是有意讓老蔣總統難堪？不過，此時此刻，朱子的面子比不上國軍的「性福利」及軍心安定重要。

後來，「軍中樂園」易名為「特約茶室」，不知是哪個政戰官員的文字遊戲，這個名稱似乎更有文藝風。在國共兩軍隔海對峙乃至殊死搏鬥的時代，金門駐軍最多時超過十萬，特約茶室也如雨後春筍般誕生，先後有：金城總室，山外、沙美、小徑、成功、庵前、東林、青岐、后宅、大擔（大膽島）等分室，以及配合慈湖築堤工程而臨時設立的「安岐機動茶室」等，共十一間。從一九五一年成立到一九九〇年廢止，估計有超過三千名女子赴金門賣身。

上個世紀八零年代，時任立法委員的陳水扁提出結束軍中樂園的議案。一九八七年，「十六歲江姓少女賣淫事件」中被老鴇誘騙和威脅的當事人，在九十七天內接客三千多次的案情太過驚悚，導致輿論壓力，軍方被迫關閉金門與馬祖的國軍特約茶室（只保留東引的）。一九九二年，國防部宣布特約茶室全部關閉、步入歷史。此後，很多特約茶室或改為民居，或拆除，或荒廢。這座唯一對外開放的「特約茶室展示館」，即是利用原「小徑特約茶室」之空間，陳展這段歷史。

是光天化日，還是暗無天日？

我們驅車來到小徑村，攀上十多級整齊階梯，進入一個口字形院落。進門處，是一面紅磚修建的鏤空照壁，挑撥起好奇的外來窺探者登堂入室的急迫心態。再往裡走，是修葺一新的小院，紅頂白牆的平房，簡潔而優雅，在藍天白雲之下，院內花木蔥蘢，蜂飛蝶舞。這裡比我入住的南洋洋房的民宿還要高級，若不是門口有特約茶室展示館的門牌，差點以為是蔣介石在金門的行宮。

院子裡一間間小姐昔日的閨房，即工作時間接客的地方，無不窗明几淨，一塵不染，單人床上的床單和被褥潔白如紙，衛生間配置有磨石子的老式浴缸。在專門接待軍官的紅牌小姐的房間內，還有電風扇、梳妝檯及明星海報，比之今天賓館的標準間來有過之而無不及。似乎，佈展方並不認為那段歷史不堪回首，反倒以炫耀的心態吸引遊客到此一遊。

這裡的環境比我去過的臺北歸綏街文萌樓好太多了，給人以某種超現實的夢幻感。難道當年軍妓真的生活在這個像蜜罐一樣的地方嗎？她們真如軍方所說「爭先恐後地報名」而來？展示室中的文字稱，在

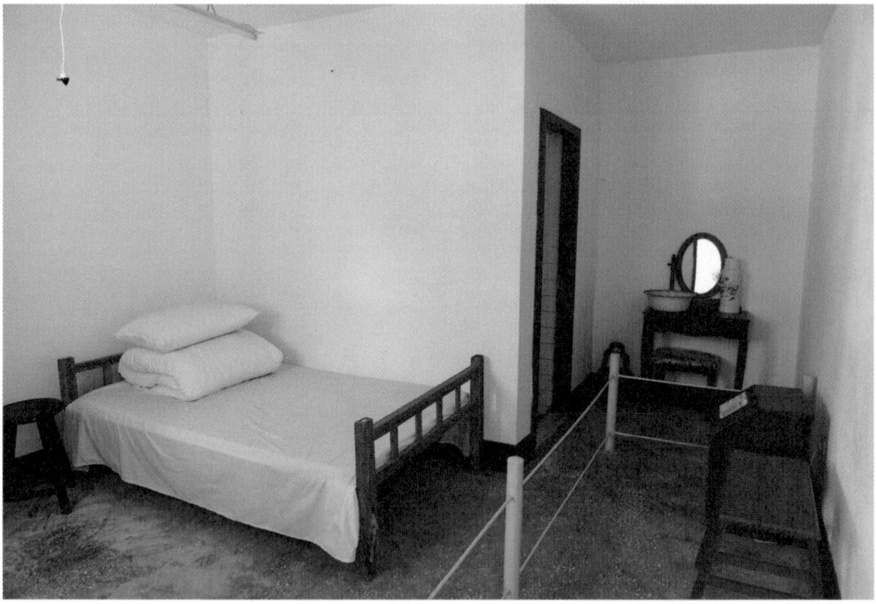

此服務的大都是本來就從事性工作的「自願者」，她們應徵來此，未被強迫，還跟軍方簽訂合同，合同期滿，即可自由離開。在這裡，既可掙到更多錢，安全方面亦有保障。

此種解釋並不符合歷史真相。有文史工作者指出，一名老警察透露說：凡是軍中樂園服務生不夠時，國防部就會同警務處抓私娼，抓到私娼就送去當軍妓。依照中華民國法律規定，年滿二十歲始能申請公娼執照，可是當年很多窮人家把十六、七歲的女兒賣掉，因她們年齡不到，只能當私娼。抓私娼很容易，只要到寶斗里環河南路去抓，一個上午抓十幾個不成問題，有業績又有獎金，是警界的好業務之一。

當年擔任陸軍憲兵的王文進在回憶文章《那段押送「慰安婦」的日子》中寫道，他曾親自押船去大膽和二膽島，船上除了幾箱新鮮雞蛋和蔬果外，就屬一名在軍中茶室工作的「侍應生」最重要。他在念高中時候，剛好看過描述日軍慰安婦的書籍，此刻，發現書中的部分情節正在自己眼前上演，「我正押著一個活生生的『國軍版』慰安婦到第一線『勞軍』，多麼赤裸和直接的任務。」年輕的士兵與同樣年輕的妓女各自眺望著不同方向的海水，海水也不知道他們的心事。

在展示室的一面牆上，有茶室票價變遷的對照表以及不同時期的票證，從五十年代初到八十年代末，消費金額依物價水準及軍人薪資而波動。同時，下面還附有同時期在當地吃一碗牛肉麵或洗一次澡所需的費用。在一九五一年，軍官票為十五元，士官票為十元；到了一九八九年，庵前茶室校級軍官票價二百五十元，尉官、士官長票價兩百元，士官票價一百五十元，公教娛樂票為五百元。這也算是一種「麥當勞漢堡指數」？

在另一面牆上，則是阿兵哥們排隊購票入場時場景的黑白素描。人多時，排成長龍陣，「彎彎曲曲排得怕有半里路長呢」。阿兵哥買好票、蓋好房間號碼後，即前往同號碼的房間外等候。每個妓女固定在一個房間，選房間就等於選房間的主人，哪個房間的主人長得漂亮，門口排隊的阿兵哥自然多。而每張

1961 侍應生票價表
Price List of a "Waitress"
in Special Military Tea Houses
* 軍官票Officers 30
* 士官兵票Others Ranks 20

№ 546469
№ 546469
金防部庵前茶室
尉 官娛樂券
(士官長)

娛樂票限用三十分鐘，門外有憲兵守著，有人不聽話就會被抓起來治罪。

一半是海水，一半是火燄

在第二間展廳中，可以看到小姐們的畫像，有的美豔，有的風騷，有的清純，有的羞怯……不一而足。當然，這些畫像都不能當真，現實中的人跟畫中的人相比，「失之毫釐，差之千里」。若是小姐們真有那麼漂亮，就不會淪落到金門來幹這樣的苦差事了。美貌者百裡挑一，多半則是年老色衰者。難怪阿兵哥們在昏暗的燈光下，發現千挑萬選的小姐原來姿色平庸，不禁大失所望，有的甚至喧鬧抗議，卻無法再換一個。在一間茶室牆上，掛著一幅美國女明星的照片。也許，是主人從一本破舊的畫報上剪下的。「愛美之心，人皆有之」，她心目中的偶像，大概就是這位美豔的白人女星吧？

這些女子，個個背後都有說不完的辛酸事，「若不是命運作弄，我也不會來到這裡……」這句話點出她們命運的坎坷和生活的無奈。這裡離大海僅有一箭之遙，可她們哪有半點心思欣賞海天一色的美景？沒日沒夜的賣身工作不在話下，那個年代海灘上全是碉堡和地雷，而非「海闊憑魚躍，天高任鳥飛」的自由空間。

在這個「一半是海水，一半是火燄」的地方，即便軍方嚴禁官兵與小姐之間產生戀情，但「人非草木，孰能無情」，像白居易《琵琶行》中纏綿而悲愴的愛情故事時有發生。據說，七號房曾出了一名「金門之花」，讓小徑茶室生意火爆，甚至超過金城總室。至於她是不是來此將功折罪的「雌雄大盜」中的「雌盜」，與其讓歷史學家考證，不如讓小說家演繹。又傳說，十號房的侍應生是一個帶著小孩的年輕媽媽，做這份工作，如何能拉拔大孩子，實在讓人匪夷所思。孤身漂泊到金門的老兵老劉與之相愛，兩人還真結成一個三口之家，後來在金門定居。

「誰扛起了布滿鐵鏽的槍，誰埋葬了兒女的情長，如果可以，我願陪你守在曇花旁，用它的一生見證人生的漫長。」《軍中樂園》中可歌可泣的愛情故事，大都實有其事。士兵老張為了娶阿嬌，幾乎放棄了所有。他並不在乎愛的女人曾做過什麼，他只想未來可以給她什麼。每個女人都渴望被愛與幸福，哪怕是被世人輕賤的風塵女子。有一個丈夫，有一個家庭，甚至有一個孩子，是所有女人的夢想，也是那個名叫阿嬌的侍應生的夢想。但她害怕，害怕自己的過去，苦痛的過去讓她不敢期待未來。最後，悲劇發生了：絕望的老張掐死阿嬌，自己也被軍法處死。那麼，因愛生恨的殺人兇手老張是反派角色嗎？或者自輕自賤的阿嬌才是反派角色？同是天涯淪落人，相逢何必曾相識，一不小心，他們就被時代的巨輪碾得粉碎。

展示室內還有一扇模擬的茶室大門，貼著紅色對聯，上聯是「大丈夫效命沙場磨長槍」，下聯是「小女子獻身家國敞篷門」，橫批是「捨身報國」。據說還有另一副對聯：「金門廈門門對門，大砲小砲砲打砲」，橫批為「服務三軍」。當年政戰部門的白衣秀士們草擬了諸多激勵軍妓的名句，比起法國作家莫泊桑的小說《羊脂球》中那些嫌棄妓女的法國人，他們的思想似乎開明得多：妓女也有愛國權，妓女也可以用特殊的方式愛國！

日軍的慰安婦和蔣軍的侍應生有多大差別？

在展示室的第一塊展板上赫然寫著：

軍妓制度由來已久，世界各國亦然。

若不是命運作弄，
我也不會來到這裡……

分佈與編制
Distribution and Staff

這句話的言外之意是，既然世界各國都這樣做，我們做得不比別人更壞。那麼，馬英九為何念念不忘譴責日軍的慰安婦政策呢？馬英九曾在總統府接見臺灣倖存的日軍慰安婦，還撥出專款照顧她們的生活。但還有另一些「蔣軍慰安婦」，卻被主流媒體和教科書遮蔽了。其實，「侍應生」就是「慰安婦」，兩者除了時空背景略有差異外，本質一模一樣，國軍的操作方式沿襲日軍而來。

難道日軍的慰安婦生活在地獄，蔣軍的慰安婦生活在天堂？難道外族的逼迫是暴政，本族的強制就是仁政？根據管仁健考證，當特約茶室的生意外包之後，不少作姦犯科之徒承包此種一本萬利的生意，不惜以暴力方式綁架未成年幼女來金門為阿兵哥提供性服務。在一次被查獲的十六名妓女中，半數以上為山地姑娘，年齡從十三歲到十九歲，大多未成年。她們異口同聲的說，在賣淫期間，如達不到鴇母指定接客次數，即遭受毒打，同時還要遭受不人道的虐待與摧殘：經期來時只准休息一天，第二天起即被迫用棉花塞進子宮繼續接客；所賺的皮肉錢，除少數給予一次一元零用外，大部份是分文不給；年齡未滿十四歲，發育不全者，每星期打荷爾蒙針劑六針；茶室裡有兩道鐵門，派有專人把守，她們沒有自由活動的權利。管仁健感嘆說：「只要還殘存一點人性、一絲良知的人就能看出，國軍的特約茶室與日軍的慰安所，根本就是同一個娘養出來的貨色。」一個靠壓搾和凌辱女性的身體來維繫的政權，不會可愛，也不值得人民去愛。

根據在特約茶室做過管理工作的軍人回憶，由於規定軍妓接客有下限而無上限，太老、太醜、服務態度太差者，生意若不好，吃藤條、火燙等，是家常便飯。在軍中發餉日或國定假日，官兵蜂擁而至，一天接客二、三十次是平常的事，若超過五十次便有獎勵。有些軍中樂園甚至舉行比賽，七十次以上的優勝者，甚至還放鞭炮慶祝，令人感慨，真不知今世何世。

軍方在宣傳材料中說，這份工作給予薪資，每隔一段時間要做身體檢查，所以極為人道。可是，編寫這些材料的政戰人員，願意把自己的女兒送到這裡工作嗎？

國民黨在設立軍中樂園期間自我宣傳的「德政」之一，是制訂嚴密的措施、防止性病傳播——侍應生定期檢查身體，士官兵在買娛樂券時隨票附送一個保險套。但事實上，這些措施效果不彰，性病仍是金門最氾濫的一種疾病。臺灣媒體曾爆料：某次，時任總政治部主任蔣經國到特約茶室視察，問一個得了性病的老兵：「你為什麼不願意戴保險套？」老兵夷然答道：「報告蔣主任，你穿襪子洗腳嗎？」小蔣聞之語塞。這個故事大約是後人杜撰，在白色恐怖時代，哪個老兵敢這樣跟蔣主任說話？惱羞成怒的蔣主任必定下令將其就地正法。

根據不完全統計，在臺灣本島和外島服務過的軍妓多達萬人以上，其中僅存數千人在世，卻沒有一個受害者因為人權遭到踐踏而獲得國家賠償。這也是臺灣轉型正義中一個不可忽視的缺口。而在轉型正義全面實現的那一天，特約茶室展示館中記載歷史的方式，必將有翻天覆地的變化。那一天，我一定再來。

特約茶室展示館

地址：金門縣金湖鎮小徑126號
電話：082-337839
參觀時間：每週一至週日 08:30-17:00
（除夕休館）

《我也走你的路》後記

追隨勇敢的心

我最喜歡的一首詩歌，是李歐納·科恩（Leonard Cohen）寫的《最甜蜜的短歌》（*The Sweetest Little Song*），這首詩只有兩行：「你走你的路／我也走你的路（You go your way/ I'll go your way too）。」這確實是一首最甜蜜也最精煉的歌。

科恩是一個有著詩人、作家與歌者等多重身分的獨行者，他如此描述自己的寫作過程：「就像一隻熊跌跌撞撞不小心撞上了一個蜂房或者蜂蜜貯存處，我就是這樣撞了進去，並且被困住了，它（寫作）既可口又可怖，我在其中，感到是它並不那麼光鮮，甚至是相當難堪，相當痛苦，可是卻又無從避免。」這也是作為寫作者的我的切膚之感，從十三歲發表第一篇文章以及二十五歲出版處女作《火與冰》以來，我陸續寫下一千五百萬字，沉浸在文字的蜂巢中不能自拔。

科恩的母親是猶太拉比的女兒，是立陶宛猶太人後裔——這個家族若沒有離開歐洲，就不可能逃脫納粹德國和蘇俄的魔爪，他們或許會消失於奧斯維辛集中營的焚屍爐，或許會消失於古拉格集中營的沼澤地。加拿大宛如世外桃源，但這個過於年輕的國家無法滿足科恩對遠古歷史和文化的追尋，所以不能用「加拿大人」這個護照上的國籍來定義科恩。從摩西而來的源遠流長的種族與宗教傳統，讓科恩宛如舊約《詩篇》中的歌者，一路行吟，無家可歸，並以此為榮。他回過以色列，卻找不到與心靈深處的思念相契合的聖城耶路撒冷。

我亦如此，我與祖國已然隔絕，不僅是地理意義上的隔絕——需要橫跨整個北美大陸、飛越地球上最廣袤的太平洋，即便如此，又如何穿過那道密布鐵絲網的海關呢？我與祖國的隔絕，更是心靈意義上的隔絕——祖國已經被一群匪徒所佔據，淪為充滿行屍走肉的「動物農莊」。我只能在異國他鄉用文字建構精神家園，在那裡，可以洗滌傷口，可以安靜禱告，可以重新上路。從此，不再「鐵馬冰河入夢來」。

然後，我以一名沒有國籍的記錄者的身分來到臺灣，隨之與這個美麗之島相知與相愛。這一切絕非偶然。臺灣比我的祖國更讓我親近，它還擁有我的祖國沒有的自由、民主和希望。我用腳掌來感受它的土地，我用心靈來呼吸它的空氣，幾年下來，我的臺灣朋友比中國朋友還要多。

科恩的這首詩關乎愛情，而我用這首詩的後半句作為「臺灣民主地圖第二卷」之書名，顯然又不僅關乎愛情。這是一名後輩與外來者，懷著愛與敬畏，寫給美麗之島上那些先知、英雄與勇士的一束情書。他們的路延伸向遠方，而我繼續走在其中。

這條路上，曾經走過萬族萬邦的愛自由者。其中的愛自由者，有電影《英雄本色》的主人公：為蘇格蘭獨立獻出生命的華勒斯。當蘇格蘭風笛奏響，鏡頭如同在天空中飛翔的鷹的眼睛，優雅地掠過藏青色的山巒，白霧從小河上升騰起再散開，樹林間出現了馬和馬上的人的影子，華勒斯的故事開始了。一個男人渾厚深沉的聲音響起：「我將為你們講述華勒斯的故事，英格蘭的歷史學家們會說我在說謊，但歷史是由處死英雄的人寫的……」其中的愛自由者，也有電影《賽德克·巴萊》的主人公莫那魯道。有一位中國網友感嘆說：「精神上被閹割，靈魂上墮落，奴才遍地的大陸人，看到海峽對岸這樣一部熱血影片該作何感想，我們的彩虹橋在哪兒……」是啊，我們的彩虹橋在哪兒，我們如何邁出通往自由的第一步？

在黑暗時代，有混亂和饑餓、有坦克和鐵鏈，有屠刀和劊子手，也有對不義對憤怒的反抗。經歷過納粹時代的漢娜·鄂蘭在《黑暗時代的人們》一書的序言中說：「即使是在最黑暗的時代中，我們也有權去期待一種啟明（illumination），這種說明或許並不來自理論和概念，而更多地來自一種不確定的、閃爍而又經常很微弱的光亮。這光亮源於某些男人和女人，源於他們的生命和作品，他們幾乎所有情況下都點燃著，並把光散射到他們在塵世所擁有的生命所及的全部範圍。」我所要發掘的便是這樣一群人。他們已然被遺忘。今天很多臺灣人有空去那兩個被颱風吹得歪歪倒倒的郵筒旁邊拍照打卡，以致那裡排起長龍，更有空花幾十分鐘打通熱線電話訂購那張印刷有那個我始終記不住名字的日本女優照片的悠遊卡。然而，他們卻不願去探究「黑暗時代的人們」的故事。若沒有黑暗時代努力發光的人們，說不定今天的臺灣還處在戒嚴體制的黑暗之下。

在《在那明亮的地方：臺灣民主地圖第一卷》中，我講述了賴和、楊逵、葉石濤、胡適、傅斯年、殷海光、蔡瑞月、湯德章、孫立人、柯旗化、柏楊、鄭南榕、陳文成、林義雄他們的故事；在這本書中，我又將講述余清芳、莫那魯道、林獻堂、蔣渭水、吳濁流、雷震、成舍我、余登發、陳定南、許昭榮、康寧祥、羅文嘉他們的故事。他們都是反抗者，是為自由而戰的反抗者。我追隨他們的腳步，觸摸他們的脈動與心跳，我與他們的相同之處，遠遠多於我跟大部分中國同胞的相似之處——反過來說，連戰與習近平的相似之處，也遠遠多於我跟習近平的相似之處。

反抗者有兩種，一種是為自由而戰的反抗者，另一種是為權力而戰的反抗者，這就是林義雄與施明德之間的差異。法國作家卡繆在《反抗者》一書中寫道：「我們每人要拉開弓接受考驗，在歷史中與反對歷史中征服他已經擁有的一切，收穫他的土地中貧瘠的莊稼與這片大地上短暫的愛，在這個時刻，在一個人終於誕生的時刻，應當捨棄幼年時代的瘋狂。弓張開了，木頭吱吱地響，在弓張開得最滿的時候，一支箭急射而出，一支最剛勁的自由之箭。」是的，我們都應當射出那支最剛勁的自由之箭，我們的生命中都有轉折性的時刻。出於對自由的愛，我謙卑地記述這群為自由而戰的反抗者的故事，我竭盡全力地扭轉由「處死英雄的人」壟斷的歷史書寫。既然他們修改課綱、指鹿為馬，那麼，我們每個人都來寫歷史吧。

讀萬卷書，行萬里路。我是一個熱愛旅行的讀書人，我旅行的目的地常常與眾不同。當我到德國時，去尋訪反抗希特勒的潘霍華牧師和白玫瑰小組的紀念館；當我到法國時，去尋訪帕斯卡和雨果的故居；

當我到俄國時，去尋訪普希金和托爾斯泰的莊園；在我如今長期旅居的美國，更是一個個地、從容不迫地走訪華盛頓、傑佛遜、麥迪遜、威爾遜、馬丁·路德·金恩他們的舊居。他們的音容笑貌、吶喊與歌唱，為我的精神世界注入活水的源泉。

到了臺灣，我驚喜地發現，在小小的島嶼上，與民主、自由、人權有關的地景，似乎比很多大國還多，我的「臺灣民主地圖系列」可以寫成多卷本，而不愁題材的枯竭。在晚近四百年以來，臺灣人在奴役與自由、獨裁與民主、殖民與獨立之間屢戰屢敗、屢敗屢戰，一顆顆勇敢的心，可歌可泣、可圈可點，更可「留取丹心照汗青」。

比起第一卷來，我在挑選本書涉及的地景時，盡力在歷史的時間軸和地理的空間軸兩個方面拓展視野。在歷史的時間軸上，除了二二八及白色恐怖時期的人物、事件和地點，我還納入日治時代臺灣不同族群、階層和政治立場的人物的抗日活動，從余清芳到莫那魯道，從林獻堂到蔣渭水，不一而足。日治時代臺灣人民的生活並不是泡在糖水裡，不能因為後來國民黨統治的惡劣，就無限美化日治時代「次等國民」的「幸福生活」，就如同不少中國人痛感共產黨統治的暴虐，因距離產生美感，轉而呼喚國民黨回中國執政一樣。因此，我無法認同李登輝接受日本媒體訪問時的陳述——當年他「光榮而自願地」參與日本軍隊。或許這是事實，我們不能要求當年的少年人有蔣渭水和林獻堂那麼深邃的反殖民主義思想；但在七十多年後表述該事實時，卻不能沒有任何事後的反思與批判。那是一場由日本挑動的法西斯侵略戰爭，臺灣被日本綁架到戰車上，是臺灣的無奈與悲哀，絕非臺灣的光榮與驕傲。奧地利曾被納粹德國吞併，但不會有一個奧地利政治家或輿論領袖會志得意滿地表示，以曾與納粹德國併肩作戰為榮。韓國也曾像臺灣一樣被日本佔據，但韓國總統朴槿惠絕對不敢對國人表示，以父親曾是大日本帝國的軍官而感到驕傲。媚日對臺灣獨立不會有實質性的幫助，日本雖然在戰後成了民主國家，但從未致力於在亞洲推廣民主自由的普世價值，對包括中國在內的獨裁國家侵犯人權的行徑從不譴責，六四屠殺之後，日本是最早到遭到西方國家經濟制裁的中國投資的資本主義國家（臺灣緊隨其後），二十多年後終於嘗到自釀的苦果。因此，如何面對日治時代臺灣的真實境遇，尤其是戰爭期間臺灣所承受的苦難，如何處理當下及未來的台日關係，是臺灣打造成熟的臺灣意識時不能繞開的重要環節。在此過程中，余清芳、莫那魯道、蔣渭水、林獻堂們的生命史不能被忽略和遮蔽。

另一方面，在地理的空間軸上，除了臺灣本島外，我還納入更多外島的地景。第一卷中寫到了由昔日的綠島監獄改建的綠島人權園區，第二卷則描述了金門的古寧頭戰史館和特約茶室展示館。對於這兩處地景，我有更多批判性思考。古寧頭戰史館中「成王敗寇」史觀，國共雙方如出一轍。在儒家忠奸分明、「漢賊不兩立」的文化傳統中，很難生長出多元的史觀與視角。我居住的維吉尼亞的鄉間，驅車不到十分鐘就是馬拉薩斯國家歷史公園，這裡曾是南北戰爭中傷亡慘烈的馬拉薩斯戰役的發生地。在公園遊客中心播放的紀錄片及相關資料中，並沒有對北軍的神聖化和對南軍的妖魔化，一尊騎著駿馬雄姿英發的塑像，居然是南軍的「石牆將軍」傑克遜。這才是一個成熟的國家面對歷史傷痕時廣闊的胸襟和氣魄。古寧頭戰史館是否需要到美國取經呢？

而特約茶室展示館中的文字與圖片說明，也基本上停留在「軍中樂園」的層面，國民黨當局一方面無限美化「特約茶室」中侍應生的生活環境，一方面卻又高調譴責日軍的慰安婦制度，同樣都是慘無人道的軍中性奴隸制度，為什麼對有的是選擇性的失明、對有的是選擇性的看見？從這兩處地景的歷史敘事就可以看出，臺灣的民主運動史和人權史的建構遠未完成。

這個系列雖然名為「臺灣民主地圖」，但我所關注的價值絕不僅僅是民主，而涵蓋了與之息息相關的自由、人權、憲政、共和等整體性的普世價值。近代自康梁以來，華人文化圈中特別重視民主這個概念，民主在國共兩黨那裡先後蛻變為蘇俄式的「民主集中制」，或為多數人肆意對少數人實施暴政，或為獨裁者肆意對民眾實施暴政。這才出現了毛澤東和蔣介石這兩個獨裁者在海峽兩岸做終身主席和終身總統，不到死亡降臨，他們絕不放權。長期以來，我們過於看重形式上的選舉，後來才發現，即便有了某種形式的選舉，若沒有權力有效分割和制衡的憲政共和體制，沒有對人權和自由的充分保障，選舉不過是特權階層的遊戲罷了。

我在書中特別選擇一批地景，用以彰顯人權與自由價值的重要性，以此形成廣義的民主理念。在本書中，我以成舍我紀念館和雷震紀念館來標舉言論自由與新聞自由之可貴，以臺南神學院來標舉宗教信仰自由之可貴，以勞動女性紀念公園來標舉女性和勞工權益之可貴，以後勁文物館反五輕運動展覽室來標舉環保運動之可貴，以陳定南紀念園區來標舉清廉高效的地方政治之可貴……這些人物、群體和事件才是真正的「臺灣之光」。

更為重要的是，許多地景並不是已經過去、已經定格的歷史，而是依然在發展和演變之中的現實。比如，作為民進黨創黨之地的圓山大飯店，後來演出了臺灣民眾抗議中國官員陳雲林來訪的大戲，並催生野草莓學運。這裡，還會有更多中國高官顯貴出沒，還會有更精彩的捍衛臺灣本土意識的戲劇上演。比如，在後勁文物館反五輕運動展覽室，圖片上的許多老人都已辭世，但後勁的工業汙染形勢依然無比嚴峻。年輕世代接過棒子，延續這場螞蟻對抗大象的鬥爭。再比如，文萌樓作為臺灣唯一被定為古蹟的情色場所，雖有日日春協會為之護航，依然前途未卜。文萌樓保存下來的希望，不在於新任臺北市長柯文哲大筆一揮，而在於草根階層十年如一日地反抗父權與資本的雙重壓力。再比如，在臺灣省議會會史館及立法院議事博物館中，當然不會觸及目前臺灣代議制失靈、憲政體制出現嚴重困境的事實，但「太陽花學運」讓千瘡百孔的舊體制暴露在人民面前。下一步最重要事情，不是政黨輪替，而是憲政變革。第三勢力的崛起，黃國昌等健康力量進軍立法院，使臺灣的未來有了「山重水複疑無路，柳暗花明又一村」的希望。於我而言，最美的故事是沒有完成的故事，是可以繼續寫下去的故事。

當德國神學家潘霍華決心走上對抗納粹暴政之路時，他在給哥哥的一封信中寫道：「世界上還是有一些值得我們毫無保留全力支持的事情。對我來說，和平與社會公義就屬於這類事情，對基督祂自己來說也一樣。」他向並不理解他、認為他是「癡人說夢」的哥哥解釋說：「最近我突然想到《國王的新衣》這個童話故事，它確實反映著這個時代。我們現在所欠缺的就是在故事結尾說出真相的那個孩子。我們應該好好演出這場戲。」我在這本書中寫到的人物，都是像潘霍華、也像那個說出國王什麼都沒有穿的孩子的人。他們如夸父逐日，如精衛填海，風雨如晦，雞鳴不已。那麼，我們願意跟他們同行嗎？

親愛的朋友，若你正在打開這本書閱讀，那麼不妨同時傾聽科恩的淺斟低唱：

你走你的路，我也走你的路。

主流出版

所謂主流，是出版的主流，更是主愛湧流。

主流出版旨在從事鬆土工作—

希冀福音的種子撒在好土上，讓主流出版的叢書成為福音與讀者之間的橋樑；

希冀每一本精心編輯的書籍能豐富更多人的身心靈，因而吸引更多人認識上帝的愛。

【徵稿啓事】

主流歡迎你投稿，勵志、身心靈保健、基督教入門、婚姻家庭、靈性生活、基督教文藝、基督教倫理與當代議題等題材，尤其歡迎！

來稿請e-mail至lord.way@msa.hinet.net，

審稿期約一個月左右，不合則退。錄用者我們將另行通知。

【團購服務】

學校、機關、團體大量採購，享有專屬優惠。

購書五百元以上免郵資。

劃撥帳戶：主流出版有限公司　　劃撥帳號：50027271

部落格網址：http://mypaper.pchome.com.tw/news/lordway/

touch系列011

我也走你的路——臺灣民主地圖第二卷

作　　者：余杰
攝　　影：黃謙賢
社長兼總編輯：鄭超睿
編　　輯：游常山、張惠珍
排　　版：張凌綺
美術設計：楊啓巽工作室

出版發行：主流出版有限公司 Lordway Publishing Co. Ltd.
出 版 部：臺北市南京東路五段123巷4弄24號2樓
發 行 部：宜蘭縣宜蘭市縣民大道二段876號
電　　話：(03) 937-1001
傳　　眞：(03) 937-1007
電子信箱：lord.way@msa.hinet.net
郵撥帳號：50027271
網　　址：http://mypaper.pchome.com.tw/news/lordway/

經　　銷：

紅螞蟻圖書有限公司
臺北市內湖區舊宗路二段121巷19號
電話：(02) 2795-3656　傳眞：(02) 2795-4100

以琳發展有限公司
香港九龍灣啟祥道22號開達大廈7樓A室
電話：(852) 2838-6652　傳眞：(852) 2838-7970

財團法人基督教以琳書房
臺北市忠孝東路四段210號B1
電話：(02) 2777-2560　傳眞：(02) 2711-1641

2016年2月　初版1刷
書號：L1601
著作權所有 翻印必究
ISBN：978-986-92850-0-1（平裝）
Printed in Taiwan

國家圖書館出版品預行編目資料

我也走你的路 : 臺灣民主地圖. 第二卷 / 余杰作. -- 初版.
-- 臺北市 : 主流, 2016.02
面 ;　公分. -- (touch系列 ; 11)

ISBN 978-986-92850-0-1(平裝)

1.臺灣遊記

733.69　　105002131